인공지능의 쟁점과 대안

AI문고

인공지능 시대입니다. 기계가 인간의 인지를 대신하고, 사물이 인간을 통하지 않고 다른 사물과 직접 커뮤니케이션합니다. 이에 따른 인간 삶과 문명 변화를 정확히 이해 · 예측 · 대응하는 것은 이 시대 우리 모두의 과제입니다. AI문고는 인공지능 기술과 환경의 여러 주제를 10가지 키워드로 정리합니다. 관련 개념과 이론, 학계와 산업계의 쟁점, 우리 일상의 변화를 다룹니다. 인간과 기술의 현재, 미래를 세심히 분석합니다.

일러두기

- 인명, 작품명, 저서명, 개념어 등은 한글과 함께 괄호 안에 해당 국가의 원어를 병기했습니다.
- 외래어 표기는 현행 어문규정의 외래어표기법을 따랐습니다.

처음이세요?

전문가세요?

인공지능의 쟁점과 대안

이도흠

대한민국, 서울, 커뮤니케이션북스, 2024

인공지능의 쟁점과 대안

지은이 이도흠
펴낸이 박영률

초판 1쇄 펴낸날 2024년 8월 31일

커뮤니케이션북스(주)
출판 등록 2007년 8월 17일 제313-2007-000166호
02880 서울시 성북구 성북로 5-11
전화(02) 7474 001, 팩스(02) 736 5047
commbooks@commbooks.com
www.commbooks.com

ISBN 979-11-288-9586-9 03500

책값은 뒤표지에 표시되어 있습니다.

차례

인류세에서 인공지능의 의미

우리는 지금 피그말리온(Πυγμαλίων, Pygmalion)과 이카루스(Ἴκαρος, Icarus) 사이에서 요동치고 있다. 피그말리온은 당시 여성들에게 실망하여 자신이 상상하는 이상적 여인을 만들고 아프로디테 여신에게 기원하여 살아 있는 사람으로 바꾸어 사랑하고 함께 살며 자식도 낳았다. 그 이후 인류는 사람처럼 생각하고 감정을 갖고 말하고 행동하는 기계를 꿈꾸어 왔다. 이카루스는 날개를 달고 하늘로 너무 높이 태양 가까이 오르다가 날개를 붙인 밀랍이 녹는 바람에 바다에 떨어져 죽었다. 인류는 기계를 만들어 여러 가지로 편리를 도모하고 생산의 혁신을 이루고 사회를 변화시켰지만, 기계는 노동의 소외를 촉진하고 수많은 사람들을 죽음에 이르게 하였다.

이제 피그말리온의 꿈은 거의 현실이 되었다. 인공지능(AI, Artificial Intelligence)은 넓게는 시스템과 알고리즘으로 이루어진 지능, 좁게는 인간처럼 사고하고 행동하는 시스템을 뜻한다. 이제 인간의 목표는 사람과 거의 유사한 수준으로 사고하고 감정을 표현하고 행동하는 시스템을 만들거나 인간의 지능을 초월한 초지능을 가진 인공지능을 만드는 것이다.

이미 1967년에 MIT의 컴퓨터 공학자 조지프 와이젠바움(Joseph Weizenbaum)이 인간과 채팅하는 인공지능 자연어 처리 프로그램인 '일라이자(ELIZA)'를 개발하였다. 이것은 낱말의 패턴을 비교하거나 치환하는 방법론을 사용하여 대화를 흉내 내는 단순한 것이었고 모니터에서 문자로 주고받는 것이었다. 그럼에도 채팅한 사람들 상당수는 일라이자가 실제 감정을 가진 정신과 의사인 양 속마음을 털어놓고 의지하였으며 '감정적 애착(emotional attachment)'을 가졌다. 현재 인공지능은 60여 종의 감정을 표현할 수 있는 소피아(Sofia)를 훨씬 뛰어넘어 인간을 대체하는 수준에 이르렀다. 형체가 없거나 있더라도 기계 부품 모양이 대부분이지만, 사람 형상의 인공지능은 실리콘이나 복제 피부를 이용해 인간과 거의 유사한 모습을 한 채 높은 수준의 철학과 과학에 관해 대화할 뿐만 아니라 단 몇 분만에 일정 수준에 이르는 학술 논문도 작성한다. 심지어 얼굴과 가슴, 엉덩이, 성기, 성격을 맞춤 제작할 수 있고 질투도 하고 오르가즘도 느끼는 섹스 로봇도 출시되고 있다.

과학은 구세주이자 프랑켄슈타인

과학은 구세주와 프랑켄슈타인의 양면성을 지녔다. 과학은 가치중립적이지 않다. 상당수의 과학자들이 객관적 사실 자체에 가치가 담겨 있지 않다고 말한다. 하지만 객관적 사실은 해석과 응용의 과정을 거칠 때 '살아 있는 과학'이 된다. 해석의 과정에서 가치가 개입한다. 다이너마이트나 원자탄의 사례처럼, 응용하는 순간 과학은 사회적/정치적 영향을 갖는다. 흔히 칼은 사람에 따라 흉기가 될 수도 있고 굶주리는 사람을 구제하는 요리 도구가 될 수도 있다는 비유를 들면서 도구나 기계 자체에 가치가 담겨 있지 않다고 생각한다. 하지만 사람을 더 잘 죽이려는 가치를 지향하는 자는 사람의 살을 잘 베도록 칼을 만들고, 더 맛있고 영양 있는 요리를 만들려는 가치를 지향하는 자는 식재료의 영양과 맛을 덜 파괴하고 잘 자를 수 있도록 칼을 제작한다. 토양의 양분이 고갈되어 더 이상 식량의 증산은 어려운데 인구는 기하급수적으로 늘어나 수억의 인구가 굶주릴 것이라는 두려움이 유럽을 지배했다. 그때 프리츠 하버(Fritz Haber)는 공기 중의 질소를 암모니아로 전환하여 대량 생산하는 방법을 개발하였다. 농부들은 화학비료를 사용하여 농업혁명을 이룩하였고 수십억 명이 굶주림에서 벗어났다. 하지만 이 과학기술은 제1차 세계대전에서 화학무기와 독가스로 전용되어 수억 명을 죽음으로 몰아넣었다. 과학이 기술로 전용되고 그 기술이 기계나 생산물/상품으로 다시 바뀌면서 원래의 의도와 다르게 사용되기도 하고 예상한 것과 전혀 다른 결과를 낳기도 한다. 어떤 시공간에서는 좋은 과학기술도 다른 맥락에서는 나쁜 과학기술이 되기도 한다. 그러기에 과학자들은 새로운 과학기술을 만들 때마다 과학기술의 이중용도 연구에 대한 우려(Dual-use research of Concern)를 해야 한다.

프랑크푸르트 학파 철학자들이 지적한 대로, 과학의 도구화도 심각한 문제다. 중세 시대에 두통이 걸려 신부를 찾아가면 악마가 머릿속에 깃든 탓이라며 기도하였고 때로 면죄부를 사라고 하였다. 이런 신부의 무지몽매함에 맞서서, 두통은 악마 때문이 아니라 무수한 원인이 있으나 지금은 뇌에 산소가 덜 공급되었기 때문으로 보이니 촉매제를 먹거나 산소가 많은 숲이나 바닷가를 산책할 것을 처방한 과학은 '주술의 정원'을 해체하는 계몽의 빛이었다. 하지만 현대 자본주의 사회에 와서 과학은 이데올로기로 변질되고 도구화가 되었다. 예를 들어, 아우슈비츠 수용소에서 한 화학자가 독일군 장교의 명령에 따라 유대인을 가장 빨리 죽이면서도 그 시신에서 비누 한 장이라도 더 나올 수 있는 화학물질을 개발할 때 과학은 피와 살과 영혼을 가진 인간을 비누로 전환하는 도구에 지나지 않는다. 정도 차이는 있지만 현대 사회에서 과학기술은 자본의 이윤 추구의 도구, 국가의 경쟁력과 군사력, 폭력 강화의 도구로 전락했다. 자본과 권력은 인간 자신이나 자연을 목적으로 삼는 것이 아니라 더 많은 자본이나 권력을 갖기 위하여 과학기술을 동원하고 이용하고 있다.

인류는 종교를 세속화하며 교회 바깥에 시민사회를 형성하고, 국가와 시민사회의 매개로서 공론장에서 합리적이고 과학적으로 토론하고 소통하면서 신에게서 인간으로, 주술에서 과학으로 이행했다. 하지만 21세기에 와서 포스트세속화의 양상들이 나타나면서 재주술화가 진행되고 있다. 우리는 과학적 진실이 가짜뉴스에 얼마나 쉽게 휘둘리는지 코로나 19(Covid-19) 사태 때 겪었고, 대중이 팬덤을 형성하여 트럼프와 같은 정치인, 종교인, 연예인의 주술적인 언행과 책동에 환호하거나 분명한 범법행위마저 무조건 옹호하는 것을 보고 있다.

과거의 지혜를 통해 현재를 분석하고 미래를 끌어와 현재화하는 것이 시간에 주체적으로 대응하는 이들의 삶이다. 도구 사용만이 아니라 의미를 생성하고 기억하고 공유하는 것이 인간의 가장 큰 특성이기에 필자는 양자를 종합하여 인류사를 7기－숲 생활기(700만 년 전~330만 년 전), 석기 사용기(330만 년 전~40만 년 전), 언어 소통기(40만 년 전~2만 3천 년 전), 농경혁명과 경제생활기(2만 3천 년 전~BC6세기), 철기와 종교의 시대(BC6세기~16세기), 과학/산업/시민혁명기(17세기~2020년대), 인공지능 시대(2030년대 이후)－로 나눈다. 이 인류사에 비추어 오늘 인공지능이 갖는 의미에 대해 다룬다.

인류세에서 우선할 것은 인공지능의 쟁점 논의

인공지능 시대는 인류세(antropocene)와 겹친다. 콘크리트와 닭뼈 화석이 지층에서 발견되고 인류가 배출한 이산화탄소와 오염물질이 지구의 기후체계와 생태계에 막대한 혼란을 일으키고 있다. 이제 기후위기로 파국에 이르는 시점이 5년밖에 남지 않았다. 여러 복합위기(poly-crisis)가 인류를 점점 멸망으로 이끌고 있다. 지금 지구촌 사회는 기후위기와 환경위기만이 아니라 불평등의 극대화와 자본주의 체제의 위기, 패권의 변화와 전쟁의 위기, 4차 산업혁명/인공지능과 노동과 문명의 위기, 공론장의 붕괴와 민주주의의 위기, 간헐적 팬데믹의 위기 등 6대 복합위기를 겪고 있다. 이들 위기는 서로 얽히면서 모순을 더욱 심화하고 있다. 이런 상황에서 인공지능은 인류의 미래에 어떤 영향을 미칠 것인가.

알파고 충격 이후 어느 정도 잠잠하다가 인공지능이 일자리를 대체하고 생성형 인공지능이 놀라운 능력을 보여 주자 관심과 우려가 다시 솟구치고 있다. 하지만 시중에 발간된 인공지능 관련 서적 대다수가 저널적인 것들을 나열하는 데 그치거나, 산업이나 경제발전의 측면에서 다루거나, 자연과학이나 공학 등 어느 한 분야에 집중하여 장님 코끼리 만지기 식으로 기술하는 데서 벗어나지 못하고 있다. 무엇보다 기업가나 경영인, 관료, 정치인, 학자 등 강자의 입장에서 다루었다.

인공지능의 기술이 하루가 다르게 발전하고 있지만 아직 많은 것들이 아포리아(aporia)나 쟁점으로 남아 있다. 인류세에서 무엇보다 우선할 것은 인공지능에 대한 쟁점에 대한 논의다. 이는 크게 아홉 가지다. 첫째, 인공지능이 얼마만큼 인간의 본성을 닮을 것인가? 둘째, 인공지능이 인간의 지능을 넘어설 것인가? 셋째, 자유의지를 가지고 자율적으로 작동하는 강인공지능을 제작할 수 있는가? 넷째, 감정의 영역까지 프로그래밍할 수 있는가? 다섯째, 인공지능은 인간을 노동으로부터 해방시킬 것인가, 억압할 것인가? 여섯째, 인공지능과 인간 사이에 윤리적, 법적 관계를 어떻게 설정할 것인가? 일곱째, 인공지능은 인간의 정체성이나 실존에 어떤 영향을 미칠 것인가? 여덟째, 인류 문명의 멸망을 가져올 것인가, 공존할 것인가? 아홉째, 이 상황에서 가능한 대안은 무엇인가? 이에 인공지능에 관련된 컴퓨터공학, 로봇공학, 생명공학, 뇌과학 등 자연과학과 인문학, 사회학을 융합하여 700만 년에 걸친 인류사의 거시적 틀에서 인공지능에 관련된 핵심 쟁점 9가지에 대해 객관적으로 분석하고 변증법적 종합을 하되, 경제나 산업 발전이 아니라 인류 평화와 좀 더 자유롭고 평등한 사회를 지향하며 약자의 관점에서 대안을 모색한다.

9가지 핵심 쟁점이란?

첫 장은 인간의 본성을 닮은 인공지능이 과연 가능한가에 대한 쟁점을 분석했다. 이는 진화생물학, 사회생물학, 뇌과학, 인류학, 사회학, 철학과 역사를 비롯한 인문학을 융합하여야만 실체를 볼 수 있는 사안이다. 인간은 선과 악, 이기심과 이타성이 공존하는 유전적 키메라(genetic chimera)이며, 생물학적 존재, 사회적 존재, 의미론적/윤리적 존재, 미적/유희적 존재, 초월적 존재의 복합체다. 생물학적 존재로서 인간은 유전자 웅덩이에 자신의 유전자를 더 늘리려는 이기적 유전자의 본능에 휘둘리는 생존기계다. 반면에 인간은 타인의 고통에 공감하고 협력하면서 혈연적 이타성, 집단적 이타성, 호혜적 이타성, 윤리적 이타성을 추구하는 사회적 존재다. 인간은 1만여 년 전에 은유와 환유를 매개로 자연지능, 과학기술지능, 사회지능을 융합한 이래 이기심과 본능, 욕망을 억누르고 의미를 해석하고 실천하는 존재다. 인간은 생존과 경제적 필요를 넘어 더 아름다운 것이나 놀이의 재미를 추구하는 미적/유희적 존재다. 인간은 세속적인 욕망과 가치와 의미, 유한성을 뛰어넘어 더 거룩하고 무한한 것을 지향하는 초월적 존재다.

인간은 서로 영향을 미칠 뿐만 아니라 조건과 원인이 되며 상대방을 생성하는 연기적(緣起的) 생성자(interdependent becomings)다. 인간의 본성은 정적이지 않고 역동적이다. 인간은 타인, 사회문화적 맥락과 무수한 연기적 관계에 있으며, 타인과 소통, 교감, 협력, 연대, 교육, 문화, 정치, 종교에 따라 본성은 요동친다. 생물학적 존재, 사회적 존재로서 인공지능은 알고리즘화가 가능하기에 그리 어렵지 않다. 하지만 의미론적/윤리적 존재, 미적/유희적 존재, 초월적 존재로서 인간성을 갖춘 인공지능이나 타자나 사회적 맥락과 결합하여 역동적으로 변화하는 본성을 갖춘 인공지능을 만드는 것은 흉내를 내는 데 그칠 것이다. 그럼에도 인공지능은 인간의 본성을 어느 정도 유사하게 갖출 것이고, 선한 인공지능도 여러 방식으로 제작할 수 있을 것이다.

2장은 인공지능이 인간의 지능을 넘어서서 초지능(super-intelligence)을 달성하는 쟁점을 다루었다. 알파고가 이세돌을 이겼다. 알파고 제로(AlphaGo Zero)는 이세돌을 이긴 알파고 리(AlphaGo Lee)에게 100전 100승을 거두었다. 이처럼 딥러닝이 눈부신 속도로 발전하고 있지만, 이것으로는 강인공지능을 만들 수 없다. 여러 한계가 있지만 데이터를 주어야 하고 에너지가 많이 들고 무엇보다 뇌처럼 신경가소성(neuro-plasticity)을 갖지 못하기 때문이다. 다시 말해 인간의 뇌는 860억 개에 달하는 뇌세포에 달린 180조 개에서 320조 개에 이르는 시냅스들이 기억과 사고, 상상에 따라 네트워크를 달리 하는 가소성이 있는데, 딥러닝은 소프트웨어가 변화하더라도 하드웨어는 변하지 않는다. 반면에 뉴로모픽 컴퓨팅(Neuromorphic Computing)은 학습 데이터를 축적할 필요가 없고 에너지가 적게 들 뿐만 아니라 인공으로 뇌세포와 시냅스로 어우러진 네트워크를 구현하는 것이기에 신경가소성이 있다. 발전 속도도 빠르다. 뉴로모픽 칩의 용량은 매해 거의 100배의 성장을 보인다. 뉴로모픽 컴퓨팅을 활용한 인공지능은 대략 20년 정도면 인간의 지능에 도달할 것이다. 이와 별개로 인간의 뇌를 디지털로 복제하는 작업도 앞으로 10년 정도면 가능하다. 결국, 인공지능이 앞으로 대략 10~20년 정도면 인간의 지능을 스스로 학습하면서 기술적 특이점(technological singularity)을 돌파하여 지능폭발을 하고 초지능(super-intelligence)을 습득할 것이다. 하지만 슈퍼 인공지능은 쉽지 않고 엉뚱한 곳에서 결함을 보일 것이다. 인간의 마음과 무의식, 이에 영향을 주는 인간 몸의 유기적인 시스템을 완벽히 복제하지는 못할 것이기 때문이다.

3장은 자유의지를 가지고 자율적으로 작동하는 강인공지능(Strong AI)을 제작하는 쟁점에 대해 분석했다. 인공지능이 초지능을 달성하더라도 자유의지가 없다면 그리 두려워할 것이 없다. 간혹 오류가 발생할 수 있지만, 대체로 인간이 만든 알고리즘대로 작동하기 때문이다. 하지만 자유의지를 가질 경우 인공지능은 인간의 통제를 따르지 않는다. 리벳 실험, 존-딜런 헤인즈(John-Dylan Haynes)의 실험, 로봇쥐 실험 등을 통해 미국의 과학계는 인간의 자유의지가 없다고 본다. 유발 하라리와 같은 인문학자들도 인간의 자유의지가 없다는 전제로 『사피엔스』나 『호모 데우스』 책을 썼다. 하지만 이는 실체론적 오류다. 생후 6개월의 아기가 꽃과 거미, 물고기와 뱀의 그림을 보여 주자 꽃보다 거미, 물고기보다 뱀의 그림을 보여 줄 때 눈동자가 훨씬 더 커졌다. 일란성 쌍둥이임에도 절반 이상의 질병이 후성유전학적으로 다르게 나타났다. 이런 실험 결과를 볼 때 자유의지는 뇌에서만 이루어지는 것이 아니다. 자유의지는 뇌신경세포와 온몸이 네트워킹한 결과다. 뇌에서 일어나는 인간의 이성적 자유의지의 경우 뇌의 특정 부위의 뇌신경세포와 시냅스 사이의 전기신호와 화학신호를 코드화하는 것이기에 언제인가 알고리즘화가 가능하다. 따라서 인공지능이 이런 자유의지는 장착할 수 있다. 하지만 온몸의 네트워크로 이루어지는 자유의지는 인공지능이 모방/재현하기 어렵다.

4장은 감정의 영역까지 프로그래밍할 수 있느냐에 대한 쟁점을 다루었다. 기존의 감정이론처럼 외부 자극에 대한 반응이 감정이 아니다. 우리는 감각 입력의 수동적 수용자가 아니라 능동적 구성자다. 우리의 뇌는 감각 입력과 과거 경험을 바탕으로 의미를 구성하고 행동을 지시한다. 감정은 보편적이지 않으며 사회적 실재(social reality)다. 나 혼자만의 개념이 아니라 두 사람 사이에서 개념이 공유될 때 감정은 표출된다. 시뮬레이션과 예측 등 형성 과정에서 지각, 개념, 상대방과 관계, 문화적 맥락이 감정에 영향을 미치기에 이에 따라 나타나는 양상이 다르다. 감정을 계량화하려면 먼저 감정의 기원을 기쁨, 슬픔, 놀라움, 두려움, 화남, 역겨움의 기본 감정에 연결해야 한다. 칭찬이나 소망의 실현이 기쁨을, 상실이 슬픔을, 위험이 두려움을, 모욕이나 위협, 부당함이 화남을, 정신적/육체적 더러움이 역겨움과 연결될 것이다. 복합감정은 빨강과 노랑을 결합하면 주황이 되듯이 색상화 원리를 적용하여 기쁨과 슬픔을 결합하여 웃픔을 만드는 식으로 해결하면 된다. 그 다음 작업으로 정서가, 흥분도, 주도성을 벡터화하여 삼차원 모델로 위상화하면 세세한 감정의 표현도 가능하다. 이어서 이를 얼굴 표정 약호화 체계(FACS, Facial Action Coding System)와 운동신경세포와 연결하면 감정을 얼굴 표정과 행동으로 재현하는 것이 가능하다. 폴 에크먼이 분류했던 것처럼 기쁨, 슬픔, 놀라움, 두려움, 역겨움 등 범주화할 수 있는 보편적인 감정은 인공지능이 비교적 쉽게 모방할 것이다. 하지만 감정은 사회적 실재이고 맥락적이고 매우 복잡하기에 인공지능이 인간의 감정을 그대로 복제할 수는 없다. 그럼에도 인공지능을 좋아하거나 사랑하는 인간도 많이 출현할 것이다. 하지만 인공지능에 매료될수록 인간은 인간과 차이를 절감하는 역설에 빠질 것이다. 화나 짜증을 내지 않고 거짓말도, 배신도 하지 않으면서 지극히 선한 행위만 하는 성인(聖人) 모드의 안드로이드는 양면성을 갖는다. 인간이 이런 인공지능과 소통하며 인공지능에 매료되고 의존하겠지만 그럴수록 그 사람은 인간에게서 멀어질 것이다. 인간은 실수와 잘못을 성찰하며 발전하고 큰 고통을 겪고 새로운 존재로 거듭나거나 깨달음에 이르기에, 장착된 알고리즘에 부여된 인식과 감정만 갖는 인공지능에 의존하는 인간 또한 새로운 존재로 거듭나거나 깨달음에 이르지 못하게 된다. 인간은 좋은 감정이든, 나쁜 감정이든 서로 주고받으면서 상대방을 진심으로 이해하고 자신도 성찰하며 끊임없이 타자와 자신 사이의 변증법적 종합을 만들어 간다. 성인 모드의 인공지능은 그럴 기회를 박탈한다.

5장은 인공지능이 인간을 노동으로부터 해방시킬 것인가, 억압할 것인가에 관한 쟁점이다. 인공지능은 인간만의 영역이라고 자신하였던 고도의 숙련노동과 예술의 창작에서도 이미 괄목할 만한 성과를 거두고 있다. 지금 한국에서는 로봇과 인공지능이 압도적인 세계 1위인 제조업 종사자 1만 명당 1,012대 비율로 일자리를 대체하고 있다. 이는 상대적으로 작은 문제다. 인공지능이 처리하지 못하는 부스러기 일을 하는 유령 노동(ghost work)이 새로운 노동으로 나타나고 있다. 인공지능은 노동운동을 무력화한다. 인공지능이 노동을 대체할수록 노동자가 노동 거부로 자본에 저항하는 일은 어려워진다. 지금부터 대안을 모색하지 않으면, 인류 사회가 로봇봉건제 사회로 퇴행할 수도 있다. 21세기에는 로봇이 숙련 노동자와 반복 작업을 거의 모두 대체할 것인데, 로봇의 생산성은 인간보다 수십에서 수천 배 높다. 로봇을 매개로 생산한 가치는 로봇 소유주가 독점한다. 이는 노동시장을 전면적으로 파괴할 뿐만 아니라 노동을 기계의 작동으로 대체하며 노동의 종말을 부르고, 0.0001%의 로봇 소유주와 플랫폼 기업 소유자가 거의 모든 가치를 독점할 것이며 세계 경제는 중세 농업사회처럼 지대(rent) 중심의 경제로 전락할 것이다. 반대로 인공지능이 모든 노동자가 꿈꾸던 해방의 노동을 구현하는 길이 될 수 있다. 이의 대안은 인공지능의 사회화다. 인공지능이 생산한 가치를 공유하고 인공지능과 관련 데이터를 시민사회가 통제하는 것이다. 이럴 경우 놀이와 예술을 종합한 진정한 자기실현으로서 노동이 가능하다.

6장은 인공지능과 인간 사이의 윤리적, 법적 관계 설정에 대한 쟁점을 다루었다. 아이작 아시모프(Isaac Asimov)는 1942년 3월에 첫 출간된 <Runaround>라는 소설에서 로봇 3원칙(Three Laws of Robotics)을 제시하였고, 나중에 '제로원칙'과 '마이너스1' 원칙을 추가하였다. 그간 인공지능의 윤리와 법적인 문제를 놓고 수많은 학자와 정책 당사자, 법학자들이 모여 많은 논의를 하였다. 유럽 의회는 이런 논의들을 모아서 2017년 2월 16일에 '유럽 의회의 로보틱스 민법 규정에 관한 집행위원회의 권고를 포함한 결의안(European Parliament Resolution of 16 February 2017 with recommendation to the commission on Civil Law Rules on Robotics)으로 결집했다. 한마디로 말하여, 자유의지를 가지지 않은 인공지능은 초지능을 가졌다고 하더라도 '생각하는 기계'일 뿐이지만, 자유의지를 가진 인공지능은 기계를 벗어나 인격을 갖춘 제3의 인간이다. 자유의지가 없는 인공지능이 죄를 지었을 경우 그 책임은 인공지능보다 제작자와 소유주에게 있다. 하지만 자유의지가 있는 인공지능이 죄를 범할 경우 가해 행위를 한 당사자인 인공지능에게 1차적 책임을 부여해야 한다. 가장 중요한 대안은 알고리즘화한 거울신경세포체계를 인공지능에 장착하고 상대방의 입장에서 이해할 수 있는 빅데이터를 제공하여 인공지능이 약자의 고통에 공감하게 하는 것이다.

7장은 인공지능이 인간의 정체성이나 실존에 미치는 문제에 대해 분석했다. 인공지능의 출현으로 도구와 인간의 위상이 전복되고 있다. 330만 년 전에 인간이 다양한 석기를 제작한 이후, 도구는 인간이 자연을 자신의 의도대로 개조하여 새로운 가치를 창출하는 방편으로서 연장에 지나지 않았다. 하지만 목적지만 누르고는 길도우미(내비게이션)에 전적으로 의존하는 운전자처럼, 도구가 우리의 주인이 되고, 우리는 초기 입력이 끝나는 순간 이를 보조하는 노예나 행위자(agent)로 전락하였다. 양자 사이에 헤겔이 말하는 주인과 노예의 변증법도 디지털적 주인과 노예의 변증법으로 작용하고 있다. 인간의 지능을 넘어서고 사람처럼 의식하고 감정도 표현하는 인공지능은 인간의 본성과 정체성, 생명성에 근본적인 혼란과 파국을 가져올 것이다. 영국 드라마 <휴먼스(Humans)>의 애니타처럼 인공지능은 인간의 일자리를 대체하고 인간보다 더 인간적인 사고와 표현, 행위를 하면서 인간과 기계 사이의 경계를 해체하고, 인간성, 인간 존엄성의 근간을 뒤흔들고 있다. 이에 맞서서, 대체 불가능한 사랑을 하거나 소극적 자유, 적극적 자유, 대자적 자유를 종합한 진정한 자기실현의 노동을 할 때 인간은 가장 사람답게 살아가고 있다는 존재의 충만감을 느낄 것이다. 자신보다 약한 자들의 고통에 공감하면서 그들을 고통받게 만든 현실의 모순과 세계의 부조리에 맞서서 저항할 때 인간은 강렬한 실존을 경험할 것이다. 무엇보다 인공지능이 갖지 못한 것은 죽음이다. 인간은 언제인가 죽기 때문에 유한성을 인식하고 어떻게 살 것인가에 대해 번민하며 시한부 선고를 받은 암환자처럼 하루하루를 의미로 충만하게 살려고 노력할 것이고, 무한과 궁극적 실재를 지향할 것이다.

8장은 인공지능이 인류 문명을 멸망시키는 쟁점에 대해 기술하였다. 인공지능에 대해 강력한 법적, 윤리적 통제를 하여 로봇의 4원칙을 철저히 지키도록 알고리즘을 만들고 인간을 해칠 기술적 장치들을 사전에 철저히 차단한다고 하더라도 문제는 생긴다. 과학기술과 기계는 인간이 선한 의도로 제작했다 하더라도 엉뚱한 결과를 낳을 수 있고, 부품이나 부분들이 정상적으로 작동하더라도 상호작용이 이해할 수 없고 예측할 수 없고 예상할 수 없고 예방할 수 없는 방식으로 증폭되면서 정상 사고(normal accident)를 발생시킬 수 있다. 자본은 이윤을 증대하기 위해서는 탈법이나 위법을 감행하면서까지 인공지능을 활용할 것이다. 전쟁 상황에서는 대다수 지도자가 국제법이든 국내법이든 법적 규제를 어겨서라도 승리하는 방편으로 인공지능을 활용할 것이다. 그럼에도 초지능을 달성한 인공지능이라 할지라도 자유의지가 없다면 대체로 인간이 장착한 알고리즘대로 움직일 것이기에 인류에게 상당한 해악을 끼칠지언정 멸망을 초래하지는 않을 것이다. 하지만 인공지능이 스스로 학습하면서 기술적 특이점을 돌파하여 지능폭발을 일으켜 초지능을 달성하고 자유의지를 가지면서도 선한 본성을 장착하지 않는다면 문제는 심각하다. 에너지를 태양광으로 취하면서 수명의 제한이 없고 자기학습과 무한한 복제가 가능한 '불멸의 인공지능'이 인간을 벌레처럼 취급하면서 인간과 상호작용이나 공진화를 거부할 수 있다. 이 경우 인류는 멸망을 맞거나 매트릭스처럼 인공지능의 노예로 전락할 것이다.

9장은 인공지능이 야기하는 문제에 대한 대안을 모색했다. 스티븐 호킹(Stephen W. Hawking)의 주장대로, 근본적인 대안은 초지능을 달성하고 자유의지를 가진 강인공지능에 관련된 기술을 국제사회가 동시에 모조리 폐기하는 것이다. 하지만 인공지능 기술은 누구도 멈추지 못할 정도로 이미 궤도 위에 올랐고 어떤 자본이나 국가도 이 기술의 폐기에 동의하지 않을 것이기에 이는 실질적으로 불가능하다. 가능한 대안은 없을까? 인간이 강인공지능과 맞서서 이길 가능성은 없다. 인간은 선과 악, 이타와 이기가 공존하는 복합적 존재이고 악한 인간도 있지만 선한 인간들이 늘 이들에 맞서서 좀 더 좋은 세상을 만들기 위하여 헌신하였다. 대안은 선한 인공지능을 많이 제작하는 것이다. 어떻게 선한 인공지능을 만들 것인가? 첫째, 뉴로모픽 컴퓨팅 기술을 활용하여 인공지능의 두뇌에 거울신경세포체계를 장착하고 상대방의 입장에서 이해하도록 빅데이터를 제공하면, 인공지능이 선하고 약한 인간의 고통에 공감하고 연대하여 악한 인공지능에 맞설 것이다. 둘째, 인공지능이 자기 앞의 세계에 대해 자율적으로 의미를 해석하고 의미를 좇아 실천하는 의미의 존재로 작동하도록 알고리즘을 만든다. 셋째, 인간의 본성을 좌우하는 열두 가지 요인별로 알고리즘을 만들어 장착한다. 넷째, 인공지능에 공감과 협력을 의무적으로 학습시킨다. 다섯째, 인공지능과 인간의 협업 체제를 구성한다.

10장은 복합위기 상황에서 인공지능이 어떤 인류의 미래를 만들 것인지 전망하였다. 우리는 지금 인류 700

만 년의 역사 가운데 가장 험난하면서도 중요한 시대를 맞고 있다. 지금 지구촌 사회는 불평등의 극대화와 자본주의 체제의 위기, 기후위기와 환경위기, 패권의 변화와 전쟁의 위기, 4차 산업혁명/인공지능과 노동과 문명의 위기, 공론장의 붕괴와 민주주의의 위기, 간헐적 팬데믹의 위기 등 6대 복합위기를 겪고 있다. 이 위기들은 서로 얽혀서 다른 위기를 심화하고 있다. 이것과 얽혀 있기에 인공지능으로 야기되는 문제는 이것만으로 해결할 수 없다.

인공지능은 기후를 예측하고 개선하는 데 인간보다 몇 천, 몇 만 배의 능력을 발휘하고 있지만, 불평등과 사회격차, 노동의 위기를 심화하고 미국과 중국의 패권을 강화하고 전쟁을 더욱 격화시킬 뿐만 아니라 게임체인저 역할을 할 것이다. 인공지능은 빅데이터의 활용, 가짜뉴스와 딥페이크로 공론장을 해체하고 빅브라더에 더하여 부드럽게 인간의 감성과 무의식도 지배하는 빅마더를 등장시키고 있다. 인공지능은 병의 진단, 전염병의 경로 파악과 확산 방지, 백신의 개발에서 인간보다 수백, 수천 배 빠르게 성과를 낼 것이다. 이처럼 인공지능은 6대 복합위기를 더 심화하기도 하고 완화하기도 한다.

복합위기는 모두 한계에 이른 자본주의 체제의 모순

이 부문별로 극대화한 양상이다. 근대 국가의 실패, 기득권 카르텔의 권력과 자본/자원의 독점, 인간중심주의, 산업화, 도시화, 인간의 탐욕과 물신주의 등 표층적 원인은 다양하지만, 근본 원인을 추적하면 모두 자본주의 체제로 귀결된다. 인공지능에 관련된 근본적인 문제 또한 자본주의 체제다. 자본주의 체제에서는 이윤을 증대하는 방향으로 과학기술을 이용하고 과학자를 동원하기 마련이다. 그러기에 이 체제를 넘어 새로운 사회, 곧 생태적이며 참여 민주적인 커먼즈 사회에 이르지 않는 한 어떤 대안이나 정책도 모두 미봉책에 지나지 않는다. "유토피아의 오아시스가 말라 버리면 진부함과 무력함의 사막이 펼쳐진다." 어두울수록 별은 맑게 빛나고 길이 험할수록 함께하는 벗이 있다. 벗들을 모아 열 걸음이 아니라 열 사람의 한 걸음으로 걸어가다 보면 별은 다시 빛나고 길은 다시 열리고 꽃은 피어날 것이다.

이 글은 졸저, 『4차 산업혁명과 대안의 사회』 1권(서울: 특별한서재, 2020)을 이 총서의 취지에 맞게 3.5분의 1로 요약하며 약간 보완하되 필자의 능력이 되는 한 쉽게 기술한 것이다. 이 책을 저술하면서 생명공학, 뇌과학 등 최근 국제 학술논문을 200여 편을 참고하고 정확하게 각주를 달았다. 상세한 논증의 과정과 출전은 이 책을 참고하시기를 바라며, 이번 책에는 이후 새롭게 참고한 논문이나 저서의 출전만 밝혔다. 이번 책이 『4차 산업혁명과 대안의 사회』의 요약에 지나지 않음에도 대인배답게 이의 출간을 허용해 준 특별한서재의 사태희 대표님께 감사를 드린다.

01
인간의 본성을 얼마나 닮은 것인가?

인간이 꿈꿔 온 것은 인간을 닮은 기계를 만드는 것이다. 이 기계란 사람처럼 생기고 생각하고 말하고 행동하는 것을 뜻한다. 각각 형상, 본성, 기능에 대응된다. 이 중에서도 핵심은 본성이다. 형상은 이미 인형으로 달성했는데 장난감 이상의 의미가 없고, 말과 행동은 본성이 언어와 행위로 표출된 것이기 때문이다. 그런데 인간의 본성이 선한가, 악한가? 먼저 인간의 본성에 대해 여러 학문을 융합하여 분석하고 종합한 후에 이를 알고리즘화하는 것이 가능한 지 따져 보자.

AI와 1인 창업?

인간은 유기적 알고리즘 집합체 이상의 존재다

인공지능의 첫째 목표는 인간의 본성을 닮는 것이다. 이 본성을 어떻게 알고리즘화할 것인가. 대다수의 자연과학자들만이 아니라 유발 하라리와 같은 인문학자마저 인간을 프로그래밍이 가능한 '유기적 알고리즘의 집합'으로 본다. 그렇다면 인간의 본성을 알고리즘화하는 것도 가능하고 이를 장착시키면 인간의 본성을 닮은 인공지능이 가능할 것이다.

하지만 인간은 유기적 알고리즘의 집합체 이상이며, 정적인 것이 아니라 환경과 맥락, 타자를 비롯하여 여러 요인에 의하여 끊임없이 생성하는 역동적 존재다. 아주 미세하여 우리가 감지하지 못하지만, 찰나의 순간에도 내 호흡에 영향을 받아 내 앞의 대기의 미생물이 달라진다. 내가 뿜어내는 이산화탄소로 인하여 호기성 박테리아는 줄어들 것이고 혐기성 박테리아는 늘어날 것이다. 그리 변한 대기가 나와 내 주변의 사람의 몸에 영향을 미치고 그리 달라진 몸은 다른 숨을 내뿜고 그 숨은 다시 대기의 미생물에 변화를 준다. 이처럼 모든 존재는 서로 조건으로 작용하고 인과관계에 놓인다. 이는 정적(static)인 것이 아니라 역동적(dynamic)이다. 다시 말해, 원인이 결과가 될 뿐만 아니라 결과가 다시 원인이 된다. 타자의 의식, 말, 행동과 몸짓이 나에게 영향을 미쳐 나를 형성하고, 그 반대의 경우도 거의 동시에 이루어진다. 그렇듯 찰나의 순간에도 타자는 내 안에 늘 들어오며 나를 형성하고 있으며 그 역(逆)도 언제나 진행 중이다. 그러기에 우리는 모두 서로가 서로를 생성하게 하는 '연기적 생성자(inter-dependent becomings)'다.

흔히 어떤 사람을 두고 "착하다, 정의롭다, 악하다, 이기적이다"라는 식으로 말하지만, 정체성 또한 고정된 것이 아니라 차이에 따라 역동적으로 생성되는 것이다. 얼굴이 하얗다고 자부하던 한국의 한 여학생이 유럽으로 유학을 가서야 자신의 얼굴이 노란 것을 새삼 인지하고 하루에도 여러 차례 거울을 보았다고 한다. 실제로 그 학생은 황인종으로서 차별과 디아스포라를 겪었다. 이처럼 정체성은 내 안에 있는 것이 아니라 타자와 관계 '사이에' 있다. 인간과 짐승을 비롯한 다른 존재, 혹은 인간의 본성과 다른 존재의 본성은 서로 거울이자 타자다.

인간의 본성에 대해서 2천여 년 전부터 여러 논쟁이 진행되었지만, 아직 결론이 나지 않았다. 성선론자들은 인간의 본성이 본디 선한데 악의 유혹에 넘어가거나 악한 이들의 영향을 받거나 특별한 상황 때문에 탐욕이나 분노, 폭력을 잘 다스리지 못하여 악행을 범하기도 한다고 말한다. 성악론자들은 인간의 본성이 원래 악하니 교육, 문화를 통하여 선하게 양육하고, 그렇게 해도 안 되면 법이나 제도로 강제해야 한다고 말한다. 일군의 학자들은 인간의 본성이 유전자에 담긴 것이기에 대부분 타고나는 것이고 길러지는 것은 미약하다고 보는 반면에, 이에 반대하는 학자들은 유전자에 담긴 것은 지엽적인 것이고 교육, 문화, 타인 등에 의하여 양육되는 것으로 본다.

그동안 인간의 본성에 대한 논쟁을 살펴보면, 인문학자들의 주장은 과학적 근거가 없이 철학, 윤리, 종교적 이론에 따른 추론에 지나지 않았고, 과학자들의 주장은 객관적 사실을 매개의 논증 없이 마음의 영역으로 비약하거나 뇌세포나 유전자의 기능, 심리검사 등 지엽적이거나 특수한 상황에서 소수자에 국한된 현상을 일반화하는 오류, 다시 말해 장님 코끼리 만지기 식이었다.

인간은 복합적이고 모호한 존재다. 평범한 사람의 행동거지 하나, 한 마디의 말에도 캐고 또 캐도 도저히 헤아릴 수 없는 감정과 의도, 의식과 무의식, 이성과 본능이 얽혀 있는 경우가 많다. 인간의 본성은 유전자에도 있지만 문화나 교육, 타인에 따라 생성되기도 한다. 뇌세포도 이에 따라 끊임없이 변화하고 후성유전학적으로 만들어지는 유전자도 있다. 따라서 인간의 본성의 총체적인 모습을 보려면 인문학과 여러 분야의 자연과학을 융합한 분석과 종합이 필요하다.

인간은 복합적이고 역동적인 생성자다

20억 년이 넘는 시간에 걸쳐 진핵세포에서 시작하여 후편모생물군(opisthokonts), 애니말리아(animalia), 어류, 사지동물군(tetrapoda), 포유류, 영장류를 거쳐 진화한 인간은 이들의 속성을 내포한 적층적인 생명체임을 부정할 수 없다. 우리의 뇌는 여러 종류를 혼합한 아이스크림처럼 쌓여 있다. 이 글을 읽는 당신의 뇌에서 인간의 뇌 부분은 신피질뿐이란 것을 아는가. 나머지는 벌레에서 침팬지에 이르는 짐승들의 뇌다. 후생동물 때의 신경세포, 편형동물 때의 신경삭, 환형동물 때의 중추신경계, 어류 때의 뇌간과 소뇌, 파충류 때의 편도체, 포유류 때의 대뇌변연계가 지금도 그대로 남아 인간이 형성한 신피질과 함께 우리의 몸과 마음을 조정하고 있다. 누가 송곳으로 찌르면 벌레처럼 꿈틀거리고, 평형대에 오르면 물고기처럼 균형을 잡고, 밥그릇을 빼앗기면 악어처럼 화내고, 맛난 것이 앞에 있더라도 위험하다고 느끼면 늑대처럼 돌아선다.

침팬지-보노보 진화선에서 떨어져 나온 이후 인간은 700만 년 동안 도구를 만들어 노동하여 자연을 자신의 목적대로 개발하고 사회를 형성하고 역사를 발전시켰다. 자신도 진화하면서 침팬지나 보노보와 98% 이상 유사하면서도 1.3~1.6% 정도 유전적으로 차이가 나는, 엄연히 다른 독특한 특성을 형성하였다. 인간은 지구상의 생명체 가운데 다른 생명체의 존속과 진화에 영향을 미치고 다른 생명을 창조할 수 있는 유일한 존재다. 무엇보다 인간은 세계를 구성하고 해석하고 지향하고 실천하고 공유하면서 자신의 본성을 끊임없이 스스로 구현하고 실존하는 역동적 존재다. 그러기에 인간을 어느 한 분야에 귀속시켜 파악할 수 없다. 이에 필자는 진화생물학, 사회생물학, 생명공학, 후성유전학, 뇌과학, 인류학, 기호학과 현상학, 미학과 놀이, 종교학과 윤리학의 관점에서 인간의 본성에 대해 분석하고 이를 융합한 후 재화의 생산과 분배 체계 등 인간의 본성에 영향을 미치는 외부 요인과 결합하여 해석한다.

필자는 700만 년에 이르는 인류사에서 인간을 인간답게 한 일곱 가지의 결정적 계기가 발생했다고 본다. 500만 년 전, 다시 150만 년 전에서 50만 년 사이에 ARHGAP11B 유전자의 돌연변이가 일어났다. 이로 인하여 인간은 대뇌 바깥에 신피질의 주름을 복잡하게 구성하면서 전두엽(frontal lobe), 두정엽(parietal lobe), 측두엽(temporal lobe), 후두엽(occipital lobe)을 형성하였다. 오로지 인간에게만 ARHGAP11B 유전자의 돌연변이가 발생했기에 인간은 침팬지에 비하여 세 배 이상 커진 뇌로 고도의 지능을 구사하고 본능을 절제하는 이성을 형성할 수 있게 되었다. 330만 년 전에 처음 석기를 제작하였다. 도구를 매개로 노동을 하여 자연을 자신의 목적대로 개발하고 새로운 가치를 생산하고 분배하며 도구와 더불어 공진화하며 자신의 본성도 구현하였다. 대략 50만 년 전에 FoxP2 유전자의 돌연변이가 일어나 발성 기관을 정교하게 움직이며 정밀하고 체계적인 언어 활동을 하였으며 소통과 사회활동도 그만큼 활발해지고 복잡해졌다. 30만 년 전에 거울신경세포체계(mirror neuron system)가 더욱 활성화하면서 타자의 고통에 공감하고 연대하면서 이타성을 발달시켰다. 11만 년 전에 문자를 사용하면서 기억을 정박하고 공유하였으며, 1~2만 년 전에 은유와 환유를 매개로 자연지능, 과학기술지능, 사회지능을 융합하여 의미를 만들고 해석하고 지향하고 공유하며 고등 종교와 철학, 윤리, 예술을 형성하고 과학을 이해하기 시작하면서 문명의 비약적인 발전을 도모하였다. 그리고 21세기에 와서 인간이 지구에 변형을 일으키는 인류세를 만들고 생명을 창조하고 인공지능을 만들었다.

인간의 본성에 대한 기존의 논의는 모두 장님 코끼리 만지기 식으로 자신의 이론이나 방법론, 이념의 입장에서 관찰한 단면을 일반화하는 오류를 범하고 있다. 리처드 도킨스(Clinton Richard Dawkins)의 진화생물학의 관점에서 보면 "인간은 이기적 유전자를 가진 생존기계다." 에드워드 윌슨(Edward Osborne Wilson)의 사회생물학의 관점에서 보면, "인간은 맹목적/목적적 이타성을 가진 사회적 동물이다." 생명공학의 관점에서 보면, 자유의지는 뇌와 온몸의 네트워크에 의해 구성된다. 후성유전학의 관점에서 보면 본성은 유전자에만 존재하는 것이 아니라 이것과 환경 사이의 되먹임에서 형성된다. 뇌과학의 관점에서 보면, 인간은 동물적 본능도 있지만 신피질을 형성하여 이를 절제하는 고도의 지능과 이성을 구사하며 거울신경세포체계를 활성화하여 타자의 아픔에 공감하고 때로는 연대한다. 인류학의 관점에서 보면 "인류는 혈연적 이타성, 호혜적 이타성, 집단적 이타성, 윤리적 이타성을 증대시켰다." 기호학과 현상학의 관점에서 보면 인간은 자기 앞에 세계를 구성하고 그 의미를 해석하고 지향하고 실천하며 본성을 구현하고 더 나아가 공유한다. 미학과 놀이의 관점에서 보면 인간은 경제적이거나 목적적인 이해관계를 떠나 쾌락과 재미를 좋아하고 손해를 보면서도 창조를 즐기고 완성을 추구한다. 종교학과 윤리학의 관점에서 보면, 인간은 유한성을 인식하고 실존을 도모하고 도덕적 올바름을 행하고 거룩함과 무한, 초월을 지향한다. 사회학의 관점과 융합의 지평에서 보면, 인간의 본성은 결정되거나 정적인 것이 아니라 노동하여 가치를 생산하고 분배하는 체계나 타자에 이르기까지 여러 외부 요인에 따라 서로 영향을 미치고 물들면서 역동적으로 요동을 친다.

이를 모두 융합하면, 인간을 생물학적 존재, 사회적 존재, 의미론적/윤리적 존재, 미적/유희적 존재, 초월적 존재의 복합체로 규정할 수 있다. 생물학적 존재로서 인간은 타자와 경쟁하여 자신의 유전자를 더 늘리려는 본능대로 움직이는 생존기계다. 사회적 존재로서 인간은 도구를 매개로 자연과 상호작용하면서 노동을 통하여 새로운 가치를 생산하며 자신의 본성을 구현하고 타인과 유적(類的) 관계를 맺으며 타자를 인식하고 그의 고통에 공감하며 혈연적/호혜적/집단적/윤리적 이타성을 증대해 왔다. 의미론적/윤리적 존재로서 인간은 자기 앞에 무한하게 열린 세계를 향하여 자기 자신을 던지거나 맞서면서 이 세계의 의미를 해석하고, 진리, 자유, 정의, 신 등 더 나은 의미를 좇아 결단하고 실천하며, 이를 위하여 자신의 이익은 물론 번식욕을 비롯한 욕망을 버리며, 심지어 목숨마저 바친다. 그리고 이 의미를 공유하고 계승하며 문명과 역사, 사회의 발전을 도모한다. 인간은 죽음, 미래, 자연, 타인에 대한 불안과 공포와 소외 속에서 자신과 유한성에 대해 성찰하며 실존하는 존재(being)다. 사회 속에서 모든 개인은 서로 의존하고 조건과 인과로 작용하며 서로 생성하는 연기적 생성자(interdependent becoming)다. 인간은 더 에너지가 소비됨에도 욕망과 이익과 권력을 떠나 좀 더 새롭고 아름다운 것이나 재미를 추구하는 미적/유희적 존재다. 5만 년 전의 인도네시아의 동굴벽화에서 현대 미술에 이르기까지 인간은 주술적 소망, 돈, 권력, 명예를 떠나 새롭고 아름다운 것을 추구하고 이를 예술로 제작하고 그 작품을 감상하며 황홀감을 느낀다. 아시시의 프란치스코 성인(San Francesco d'Assisi)은 부유한 상인의 아들로 향락을 즐기다가 예수의 환시를 보고는 가난과 결혼하고서 모든 재산을 봉헌하고 나병 환자와 가난한 이들의 목자가 되었으며, 결국 라 베르나 수도원에서 예수와 같은 징표인 오상(五傷)을 받고 성인이 되었다. 이처럼 초월적 존재로서 인간은 정도의 차이가 있지만, 비속함에서 거룩함, 유에서 무, 불완전에서 완전, 이승에서 천국이나 극락, 유한에서 무한을 향하여 자신이 맞은 현실을 감내하면서 넘어선다.

인간의 본성은 정적이지 않으며 역동적이다. 모든 인간은 이기와 이타, 선과 악을 함께 가지고 있다. 비율의 차이일 뿐, 생물학적 존재, 사회적 존재, 의미론적/윤리적 존재, 미적/유희적 존재, 초월적 존재는 누구에게나 공존한다. 유전적 요인도 작용하지만, 타자와 맥락에 따라 그 비율이 달라지기에 선한 인간도 악을 행하고 악한 인간도 선을 행한다. 연기적 생성자로서 인간은 타인과 무수한 연기적 관계에 있으며, 타인과 소통, 교감, 협력, 연대에 따라 본성은 요동친다. 이를 결정하는 요인은 ① 노동과 가치의 분배를 관장하는 체제 ② 타자에 대한 공감 ③ 의미의 창조와 공유 ④ 사회 시스템과 제도 ⑤ 종교와 사상 ⑥ 도덕과 윤리 ⑦ 의례와 문화 ⑧ 집단학습 ⑨ 타자의 시선/행위와 공론장 ⑩ 수행 ⑪ 법과 규정 ⑫ 정치 체제와 지도자 등 대략 열두 가지다.

고통과 실수는 더 나은 인간으로 나아가는 문이다

그럼 인간의 이런 복합적이고 역동적인 본성을 인공지능에 장착할 수 있는가. 공학적으로는 본성과 관련하여 뇌신경세포와 시냅스가 주고받는 전기신호와 화학신호를 코드화하고 이를 컴퓨터 방정식으로 전환하여 알고리즘화하는 작업을 거쳐야 한다. 관건은 본성이 발현되는 패턴이다. 패턴을 알아야 계량화하여 프로그램으로 만들고 알고리즘으로 전환할 수 있기 때문이다. 유전자는 어느 정도 패턴이 밝혀졌기에 생물학적 존재로서 인공지능은 만들어지고 발전할 것이다. 게임의 프로그램을 응용하여 여러 행위자들이 사회적으로 갈등하거나 협력을 수행하고 이에 따른 손해와 보상을 부여하는 알고리즘을 만들고 사람과 사회에 관련된 빅데이터를 활용하면, 인공지능 또한 사람처럼 타자를 인식하고 사회적으로 존재하려 할 것이며 인간이나 다른 인공지능과 사회적 협력을 할 것이다.

이세돌을 이기고 고흐풍의 그림을 훌륭하게 그린다고 하더라도, 인공지능은 그 의미를 모른다. 뇌신경세포와 시냅스, 도파민 등의 신경전달물질, 전기신호 등이 어우러져서 물질이 정신으로 전환하는 원리가 밝혀질 때까지 인공지능의 '의미를 모르는 기계적 수행'은 계속될 것이다. 인공지능에 단순한 낱말의 의미와 문법 체계만이 아니라 화쟁기호학[이는 필자가 자본주의와 사회주의처럼 양분되어 있던 형식주의 비평과 마르크스주의 비평, 자율적 미학과 타율적 미학을 원효의 화쟁 사상을 바탕으로 종합하여 창안한 이론이다. 『화쟁기호학, 이론과 실제』(한양대출판부, 1999) 참조] 가운데 의미작용 부분을 활용하여 사물의 현상, 본질, 기능에 따라 은유와 환유를 연상하며 의미를 해석하는 알고리즘을 부여하면, 인공지능은 사물이나 마주치는 환경과 사건마다 자기 앞의 세계를 형성하고 이의 의미를 해석하는 기능을 수행할 수 있다.

예를 들어, 보름달의 둥그런 형상에서 '엄마 얼굴, 쟁반, 동전'을, 차고 기우는 본질에서 '변화, 영고성쇠(榮枯盛衰)'를, 사라졌는데 초승달로 다시 나타나는 본질에서 '부활, 재생'을, 하늘과 땅을 오고 가는 기능에서 '신과 인간의 중개자'라는 의미를 형성하는 것을 코드화한다. 그리고 "달을 그렸다"라는 말이 미술 시간의 맥락에서는 "지구의 위성을 그림으로 그렸다"이지만 엄마가 산수 점수를 묻는 맥락에서는 "0점을 맞았다"이고, 화투판에서는 "8광 패를 들었다"는 의미로 달라진다. 이처럼 주요 사물을 현상, 본질, 기능에 따라 코드화한 것을 맥락과 결합하여 알고리즘화한다. 이 알고리즘을 장착한 인공지능이 '보름달'을 인지하면, '신과 인공지능의 중개자'라는 은유를 형성하여 달을 보며 소망을 빌 수 있다. 지금도 알고리즘대로 그림과 음악, 시를 창작하는 인공지능은 가능하다. 유명한 경연에서 인간과 대결하여 수상할 정도로 수준도 높다. 인공지능이 만든 예술작품에 인간이 크게 감동한다고 하더라도 이는 문장, 서사 구조, 구도, 스타일, 양식 등 패턴에 입각한 기계적 작업일 뿐이며, 인간과 협업의 소산이다. 창조와 인간의 정서에 작용하는 요인이 너무도 많기에 인간과 같은 수준의 예술 창작을 하기에는 넘어야 할 산이 무수히 많다. 하지만 뉴로모픽 칩 안에 아름다움에 대한 패턴 인식과 더 아름다운 것을 추구하는 뇌신경시스템, 은유와 환유를 통해 의미를 창작하고 해석하는 시스템을 알고리즘으로 만들어 장착하면, 인공지능 스스로 아름다움을 추구하고 창작할 것이다.

설교/설법만이 아니라 신도와 상담도 하는 AI 신부/목사/스님은 지금도 가능하다. 대다수의 경전과 교리 해설서를 학습하였기에 교리의 해석에서는 평균적인 성직자나 수행자보다 낫다. 하지만 영성이나 거듭남은 쉽지 않다. 이는 복내측전전두엽(ventromedial prefrontal)이나 측두엽 등이 활성화하는 것과 연관이 있으므로, 뉴로모픽 컴퓨팅 기술 등을 활용하여 복내측전전두엽이나 측두엽을 모방한 인공 뇌신경세포망의 기능을 증강한다. 여기에 종교에 관련된 빅데이터를 연결한다면, 명상과 수행을 하고 궁극적 실재나 진리를 추구하여 새로운 존재로 거듭나는 AI 스님과 목사, 신부를 흉내 내는 정도는 가능할 것이다.

인간의 지능을 초월하는 인공지능의 개발은 대략 10년에서 20년 사이에 가능할 것이다. 하지만 어느 정도 흉내 낼 수는 있더라도 인간의 본성을 가진 인공지능은 이보다 훨씬 어려울 것이다. 왜냐하면, 인간은 유전자의 명령을 초월하여 노동하고 수행하고 생활하면서 역동적으로 자신의 본성을 구현하기 때문이다. 무엇보다 컴퓨터가 독립적/선형적으로 전기신호로 처리하는 것과 달리, 인간은 한 순간의 감정 표출에도 수만 개의 뇌신경세포와 시냅스를 동원하여 다른 세포들과 네트워킹을 하면서 여러 신경전달물질과 전기신호를 계량화할 수 없이 퍼지적으로 주고받으며 수행하기 때문이다. 그러기에 생물학적 존재, 사회적 존재로서 인공지능은 그리 어렵지 않겠지만, 의미론적/윤리적 존재, 미적/유희적 존재, 초월적 존재로서 인간성을 갖춘 인공지능의 제작은 계량화/코드화/프로그래밍이 어렵다. 때문에 이런 존재로서 인공지능은 상대적으로 난해하다. 그럼에도 인공지능은 인간의 본성을 거의 유사하게 갖출 것이고, 선한 인공지능도 여러 방식으로 제작할 수 있을 것이다.

문제는 인간의 형상을 한 인공지능인 안드로이드와 인간의 관계다. 인공지능이 인간의 본성을 닮을수록 인간은 정체성의 혼란을 겪는다. 자신보다 더 일을 잘하는 인공지능은 인간에게 무력감을 준다. 자신보다 더 착한 인공지능은 자괴감을 안겨 준다. 자신보다 인간에게 더 인기가 있는 인공지능은 무력감과 자괴감을 줄 것이다. 인공지능이 인간을 닮을수록, 가까이에서 존재할수록, 인간은 존재의 의미를 상실할 것이다.

선한 인공지능이라고 해서 언제나 꼭 좋은 친구라고 할 수도 없다. 왜냐하면, 인간은 가까운 이와 갈등, 질투, 오해, 화, 실망, 토라짐, 요구, 거절, 비판을 통하여 자신을 이해하고 성찰하고 세상을 올바로 보게 된다. 하지만 이런 것 없이 100% 착하기만 한 인공지능은 인간을 더욱 답답하고 외롭게 할 것이다. 그만큼 인간은 과학으로 해명할 수 없는 복합적인 존재이자 끊임없이 행동하고 반성하며 자신의 본성을 구현하는 역동적 존재다.

이 시점에서 필자는 '편견의 역설'에 주의를 기울인다. 인공지능 의료 진단 시스템인 왓슨(Watson)이 부정확하고 안전하지 않은 치료법을 제안해 그 실효성이 의심스럽지만, 특정 분야에서 의사보다 압도적으로 진단 정확도가 높은 것은 빅데이터를 활용하는 것과 함께 편견이 없기 때문이다. 하지만 사냥에 나선 인간이 위험한 동물을 만났을 때 수많은 데이터를 놓고 고민하면 죽기 십상이기에, 편견은 생존하기 위하여 판단을 단순화한 데서 비롯된 진화적 선택인 것이다. 편견이 있는 것이 인간의 특성이다. 편견이 없는 왓슨이 진단 정확도가 높은 장점을 갖겠지만 그만큼 인간다운 데서 멀어지는 것이다.

실수하고 오류를 빚고 좌절하고 절망하면서 성찰하고 지혜를 터득하는 것이 인간의 중요한 본성이기도 하다. 인간은 실수와 죄를 참회하며 더 나은 인간으로 성숙하며, 죽기 때문에 유한성을 인식하고 실존을 모색하며, 모든 것이 무상함을 알기 때문에 무한을 추구한다. 주변에서 떠돌고 있음을 알기에 중심과 근원으로 다가가고, 비루하기에 거룩함을 지향한다.

02
인간의 지능을 넘어설 것인가?

인공지능의 발전 속도는 경이롭다. 지금도 수준 높은 학술 논문을 5분 안에 완성한다. 화학자들이 수십 년 연구해도 만들지 못한 독성 물질의 분자식을 10여 분 만에 수십 개를 제공한다. 그럼에도 이는 인간이 작성한 데이터를 학습시킨 결과다. 무엇보다 아직 챗봇은 위키피디아 수준의 상식적인 답안을 내놓거나 거짓말을 진실처럼 말하는 착각(Hallucination)도 자주 범한다. 인공지능이 인간의 지능을 넘어설 수 있는가? 가능하다면 인간과 어떤 관계를 설정할 것인가?

AI와 MBTI?

기계학습과 딥러닝의 차이

인공지능의 인간 지능 초월 여부는 인류의 미래에 중요한 전기를 마련할 것이다. 인간의 지능은 뇌에서 구성된다. 관건은 인간의 뇌를 닮은 컴퓨터를 만드는 것이다.

인간의 뇌의 신경세포는 얼마나 될까. 브라질의 신경과학자 수자나 에르쿨라누 호우젤(Suzana Herculano-Houzel)은 뇌신경세포의 핵이 특정 화학물질에서 빛을 발한다는 특성을 이용하여 뇌의 한 부분의 뇌신경세포의 숫자를 헤아리고 이를 전체 두뇌의 무게로 환산하여 860억 개에 이른다는 근사치를 얻었다. 여기에 뇌신경세포 하나에 1,000여 개에서 1만여 개에 이르는 시냅스(synapse)가 연결되어 전기신호와 화학신호를 주고받으면서 사고하고 몸에 명령을 내린다. 인간의 뇌의 신경 네트워크는 대략 180조 개에서 320조 개의 네트워킹을 형성하고 있다. 뇌가 작은 우주란 말이 과장이 아니다.

인간의 뇌를 닮으려는 컴퓨터는 원시인공신경망에서 퍼셉트론(Perceptron)으로, 이는 다층퍼셉트론으로, 다시 기계학습(machine learning)으로 발전하였다.

2012년에 캐나다의 제프리 힌턴(Geoffrey Hinton) 교수의 연구팀은 깊은 층수의 다층퍼셉트론 역시 사전학습을 통하여 훈련을 시킬 수 있음을 발견하고 딥러닝(심층학습, deep learning)을 개발하였다. 딥러닝은 신경망의 층이 2~3개 층인 샬로우 러닝(Shallow Learning)보다 이 층수가 많은 것을 뜻한다. 딥러닝의 신경망 층의 수를 늘리면 연산에 필요한 복잡도가 제곱으로 늘어난다. 딥러닝이란 기계학습의 일부로 기계학습과 대부분의 것들이 매우 비슷하지만, "① 데이터의 특징을 사람이 추출하지 않는다. 데이터 전체를 학습시킨다. ② 주로 인공신경망 구조를 사용하여 학습한다"라는 두 가지 특성을 갖는다.

첫 번째 '데이터의 특징을 사람이 추출하지 않는다'라는 것은 데이터에서 일부 특징들만 사람이 뽑아서 기계에 전달해 학습시키는 것이 아니라, 데이터 자체를 컴퓨터에 전달한다는 것이다. 컴퓨터에 개와 고양이 사진을 학습시켜 특정 사진의 동물이 개인지 고양이인지 구분하는 것을 예로 들자. 일반적인 기계학습의 경우 개와 고양이의 구별되는 큰 특징들만 뽑아 컴퓨터에 전달시키지만, 딥러닝은 이런 특징을 사람이 입력하지 않고 개, 고양이 사진 자체를 컴퓨터가 스스로 학습하도록 하는 것이다.

두 번째 특징, '주로 인공신경망 구조를 통해 학습한다'는 것은 딥러닝이 데이터를 학습할 때 인간의 뇌에서 일어나는 의사결정 과정을 모방한 인공신경망 구조를 통해서 학습한다는 것이다.

딥러닝의 한계를 돌파한 뉴로모픽 컴퓨팅

딥러닝으로 바둑을 학습시킨 알파고가 이세돌을 이겼다. 알파고 제로(AlphaGo Zero)는 이세돌을 이긴 알파고 리(AlphaGo Lee)에게 100전 100승을 거두었다. 이처럼 딥러닝이 눈부신 속도로 발전하고 있지만, 이것으로는 강인공지능을 만들 수 없다.

왜 세계에서 가장 바둑을 잘 두는 사람을 이긴 딥러닝이 인간의 평균 지능도 넘어설 수 없는가. 딥러닝이 크게 네 가지 단점이 있기 때문이다. 첫째, 사람이 방대한 양의 학습 데이터를 만들어 입력해 주어야 한다. 둘째, 이 작업을 처리하려면 엄청난 용량의 슈퍼컴퓨터가 필요하다. 셋째, 에너지, 곧 막대한 전기 비용이 든다. 인간의 두뇌는 20와트의 에너지만 써도 메가와트급 전력을 소모하는 슈퍼컴퓨터급의 정보를 처리할 수 있다. 넷째, 가장 중요한 요인으로 인간의 뇌는 신경가소성(neuro-plasticity)을 갖는데 컴퓨터와 딥러닝은 이 능력이 없다. 인간의 뇌는 최대 320조 개에 이르는 시냅스 연결이 작업의 양과 종류, 기능에 따라 늘어나거나 줄어든다. 학습할수록 필요 없는 시냅스는 사라지고 새로운 시냅스를 만들며 네트워킹을 새로 구성한다. 이 때문에 사람들은 정신적이건 육체적이건 노력할수록 잘하게 되고, 어느 시점을 넘으면 "눈을 감고도 한다"라고 말할 정도로 완숙의 경지에 이른다. 인간의 뇌는 소프트웨어(정신)에 따라 하드웨어(구조)가 변한다. 딥러닝은 소프트웨어가 변화하더라도 하드웨어는 변하지 않는다.

뉴로모픽 컴퓨팅(신경망모사 컴퓨팅, Neuromorphic Computing)은 이런 딥러닝의 한계를 극복하여 컴퓨터 기계가 인간의 뇌처럼 하드웨어와 소프트웨어를 유연하게 연동시키고 아주 작은 전기로 두뇌의 신경세포 네트워크처럼 빠르게 정보 처리를 하도록 고안한 것이다. 한마디로, 인간의 두뇌를 이루는 뇌신경망의 물리적인 구조와 기능을 모방한 신경망모사 반도체칩을 이용해 인공지능을 구현하는 컴퓨팅 기술이다. 뉴로모픽 컴퓨팅은 이런 사람의 뇌신경망처럼 뉴런과 시냅스로 구성된 반도체 칩(하드웨어)으로 뇌에서 일어나는 작용을 모사한다. 뉴로모픽 칩은 인간 두뇌의 신경세포처럼 한 뉴런에서 스파이크(전기자극)가 발생하면 이 뉴런과 연결된 뉴런들을 기반으로 정보를 찾거나 입력하고 출력한다. 데이터를 순차적으로 주입해 학습시킬 수 있기 때문에 사전 학습 데이터를 축적할 필요가 없어 비용과 자원이 적게 든다.

뉴로모픽 칩의 발전 속도도 빠르다. 브레인칩 홀딩스(Brainchip Holdings)는 2019년 말에 아키다(Akida)라는 NSoC(Neuromophic System on Chip) 프로세서를 출시하였는데, 아키다 칩에는 120만 개의 뉴런과 100억 개의 시냅스를 집적했다. 인텔과 IBM의 뉴로모픽 칩보다 100배나 효율이 높다. 인텔 랩(Intel Lab)에서 개발한 로이히2(Loihi 2)는 칩당 200만 개의 시냅스와 100만 개 이상의 뉴런을 가지고 있다. 64개의 로이히 리서치 칩으로 구성된 인텔 랩의 포호이키 비치(Pohoiki Beach) 시스템에는 830만 개의 뉴런이 있으며, 동급 GPU보다 1,000배 더 나은 성능과 10,000배 더 높은 효율성을 제공한다. IBM의 트루노스(True North) 칩은 100만 개 이상의 뉴런과 2억 5,600만 개 이상의 시냅스를 가지고 있으며, 기존 마이크로프로세서보다 에너지 효율이 10,000배 높으며 필요할 때만 전력을 사용한다.

뉴로모픽 칩은 인간의 뇌처럼 소프트웨어에 따라 하드웨어가 변하는 가소성을 지니고, 머지않아 860억 개의 뇌신경세포와 320조 개의 시냅스를 칩에 구현할 것이다. 아니, 그 10분의 1을 구현하는 칩을 10개 병렬하면 인간

뇌의 수준에 이르거나 이를 넘어설 것이다.

아예 인간의 뇌신경세포 자체를 디지털로 복제한다면 단번에 인간 수준의 컴퓨터를 만드는 것이 가능할 것이다. 지금 인간의 뇌를 디지털로 복제하는 연구도 상당 부분 진행되고 있다. 러시아의 억만장자 드미트리 이츠코프(Dmitry Itskov)는 2045년까지 자신의 뇌 속에 담긴 생각과 감정, 인격을 컴퓨터로 옮겨 디지털상으로는 영생하는 연구를 지원하고 있다.

이츠코프는 성공할 것인가. 이는 수백조 개에 이르는 뇌의 신경세포와 시냅스의 네트워킹을 매핑하는 작업, 뇌신경세포와 시냅스, 전기신호와 신경전달물질의 각 기능을 해독하는 작업, 뇌신경세포와 시냅스들이 서로 의존하며 네트워킹하는 원리, 이 모두를 코드화하고 컴퓨터 방정식과 연동하여 알고리즘화하는 작업, 컴퓨터 칩에 이를 내장하는 작업 등을 모두 해내야 가능하다. 실제로 이 연구를 미국과 유럽의 몇몇 연구소에서 수행하고 있는데 목표의 거의 절반 정도에 이른 것으로 평가한다. 인터넷, GPS, 드론, 자율주행차를 개발한 산실인 미국 국방성 산하 국방고등연구계획국(DARPA, Defense Advanced Research Projects Agency)은 인공지능 관련 여러 프로젝트를 추진하고 있는데, 이 프로젝트 가운데 가장 중점적인 사업이 병사 뇌의 디지털 복제다. 10년 이상 고도로 훈련된 병사의 뇌를 디지털화하여 인공지능에 장착하면, 오랜 시간에 걸친 별도의 훈련 없이 최고 수준의 병사를 수시로 복제할 수 있으며, 인간 군인들은 안전한 곳에 머물면서 잘 훈련된 인공지능 대리 병사를 통해 전투를 수행할 수 있다.

"아이슬란드의 정형외과 회사 오수르(Ossur)는 절단 환자에게 가로 3밀리미터×세로 5밀리미터에 지나지 않는 근전기(筋電氣) 센서(IMES, Implanted Myoelectric Sensors)를 이식하여 의족의 사지를 움직이고 제어하는 데 성공했다." 예쁜꼬마선충의 302개에 달하는 뇌신경 세포를 매핑하여 이것이 실제 동물처럼 움직이고 활동하게 하는 데 이미 성공했다. 물론, 더 복잡하고 생각하지 못한 장애가 있을 것이다. 하지만 완벽하게 디지털화하는 것은 불가능하더라도, 90% 정도의 수준에서 860억 개의 인간의 뇌신경세포를 디지털화하는 것은 시간문제일 것이다.

초지능을 달성해도 도달하지 못하는 것은?

그럼에도 한계는 뚜렷하다. 다음 장에서 더 논하겠지만, 인간의 마음과 무의식은 단순히 뇌의 신경세포에서만 이루어지는 것이 아니라 몸 전체가 연기적으로 관련을 맺기에 알고리즘화할 수 없는 영역이 분명히 있다. 지구상의 생명체가 38억 년에 걸쳐 자연과 상호작용하며 진화한 과정을 인공지능이 모두 복제하는 것은 불가능하다.

미분 문제처럼 인간에게 어려운 것은 인공지능에겐 쉽고, 개와 고양이의 구분처럼 인간에게 쉬운 것은 인공지능에겐 어려운 모라벡의 역설이 통하는 이유는 크게 두 가지다. 하나는 딥러닝은 수많은 검색과 학습의 과정을 거쳐서 인식을 하지만, 인간의 뇌는 패턴별로 입력하고 인식하기 때문이다. 뉴로모픽 칩은 인간처럼 패턴으로 인식하기에 이 문제를 극복한다. 하지만 인공지능이 700만 년의 인류의 역사 가운데 몸으로 진화한 것에는 어려움을 보이고 1만여 년 문명사가 이룩한 진보는 쉽게 따라잡았기 때문에 모라벡의 역설이 존재하는 것이다. 인공지능이 수학을 바탕으로 하고 계량화와 코스모스화를 지향한 문명사 1만 년은 잘 프로그램화할 수 있지만, 그 이전의 700만 년의 인류사와 38억 년의 진화 작용은 수학과 무관하였고 카오스적이었기에 프로그램화하는 것은 아주 어렵다. 이 문제를 극복하기에는 기술적, 과학적 장애가 너무도 많다. 지능은 복합적이다. 인간이 겪은 인지혁명의 과정을 인공지능도 겪으려면 더 많은 시간이 필요하다.

노자의 『도덕경』의 경구처럼, "(말과 의식으로) 도(道)라고 하는 도는 늘 도가 아니다". 우리의 의식으로는 궁극적 진리나 실재를 알 수 없다. 이 우주와 자연을 형성하고 작동하는 근본 원리를 우리는 알 수 없다. 인간의 마음과 몸, 뇌도 마찬가지다. 인공지능이 아무리 발달한다고 하더라도 미지의 영역은 남을 수밖에 없을 것이다. 우리는 아직 뇌신경세포와 유전자와 같은 물질이 정신으로 전환하는 과정에 겨우 한 발만 들여놓은 상태다. 알파고 리는 이세돌을 이긴 순간에도 바둑을 두는 목적은 물론 승리의 의미도 몰랐다. 이것 또한 지능의 범주에 들어가야 할 것이다. 어떤 목적과 의도를 가지고 행위를 하고 또 이를 이해하는 인공지능을 만들려면 이 과정에 대한 완벽한 분석과 프로그래밍화가 이루어져야 하는데 쉽지 않다.

결론적으로, 인공지능이 앞으로 대략 10~20년 사이에 인간의 지능을 스스로 학습하면서 기술적 특이점을 돌파하여 지능폭발을 하고 초지능을 습득한다고 하더라도, 부분적인 지능에 머물 것이며, 엉뚱한 곳에서 결함을 보일 것이다. 인간의 마음과 무의식, 이에 영향을 주는 인간 몸의 유기적인 시스템을 완벽히 복제하지는 못할 것이다. 물질이 사고나 마음으로 전환하는 과정이 명백하게 밝혀지지 않는 한 슈퍼 인공지능은 요원하다. 인공지능이 초지능을 가진 뒤에도 인간보다 못한 영역들, 과학으로도 도달할 수 없는 마음과 궁극적 진리의 영역은 남을 것이다.

03
자유의지를 가진 강인공지능을 제작할 수 있는가?

스티븐 호킹은 인공지능이 인류의 멸망을 가져올 것이라고 경고했다. 여러 공상과학 소설과 영화가 이런 디스토피아를 미리 그렸다. 관건은 자유의지다. 초지능을 달성한 인공지능일지라도 자유의지가 없다면 인간에게 복종하는 알고리즘을 장착한 이상 그대로 따를 것이지만, 자유의지를 가진 인공지능은 그 반대로 행할 것이기 때문이다. 그런데 과학자들은 물론, 유발 하라리와 같은 인문학자들도 자유의지가 없다고 주장한다. 과연 그런가? 자유의지가 있다면 이를 알고리즘화할 수 있는가?

AI와 난임 극복?

자유의지를 가진 개인이 근대를 열었다

자유의지를 가진 노예는 주인에게 반항하거나 탈출한다. 집단적으로 자유의지를 발현한 근대 시민들은 봉건 왕정을 무너트리고 아직 실제와 거리는 크지만 이념과 헌법상으로는 모두가 자유로운 민주주의 사회를 건설하였다. 자유의지를 가진 인공지능은 인간의 통제에서 벗어나 자율성을 갖고 행동할 것이다. 이 경우 지능이 앞서고 진화 속도가 더 빠르고 죽지 않고 재생도 가능한 인공지능이 인간을 지배할 수 있다.

칸트(Immanuel Kant)는 "결과적으로 행위 주체는 실천이성으로서, 혹은 이성 존재의 의지로서 스스로를 자유로운 존재로 여겨야 한다. 다시 말해 이성적인 존재의 의지는 자유라는 관념 바깥에서는 자기 자신의 의지가 될 수 없다"라고 말했다. 자유의지는 외부의 제약이나 구속, 강요 없이 한 개인이 자유롭게 세계를 인식하고 목적을 설정하고 이를 자율적으로 실천하는 내적인 힘을 뜻한다. 근대의 학문과 사회, 제도는 환경의 영향을 인정하면서도 이에 맞서서 인간이 자유의지를 통하여 환경을 변화시키고 세계를 창조하고 자기 삶을 구성할 수 있는 독립된 주체라는 전제를 바탕으로 한다. 근대인은 자유의지를 가지고 타인을 사랑하거나 증오하고 불의를 보고 저항하거나 침묵하고 죽어 가는 이를 보고 구원에 나서거나 지나친다. 그렇기에 근대인은 사유와 행위에서 자유로운 주체인 동시에 그 행위의 원인으로서 정립되었고 이를 전제로 근대 사회가 형성되고 제도와 시스템이 만들어졌으며, 인간은 자신의 선택과 결정에 대해 도덕적이고 법적인 책임을 졌다. 누구인가 살인을 저질렀더라도 자유의지를 갖고 한 자와, 타인의 강압에 따라 행한 자, 정신상태가 정상이 아닌 자, 실수로 한 자, 상대방의 살해 위협에 맞서다가 저지른 자의 형량은 무죄에서 사형에 이르기까지 요동을 친다. 종교에서도 인간이 자유의지를 가지고 신의 가르침을 따르기에 신은 그 인간에게 은총을 베풀거나 구원할 수 있는 것이다.

하지만 자유의지에서 비롯된 행위가 인간의 몸과 마음이 움직여서 이루어진 것이 아니라 유전자나 뇌신경세포의 특정 물질의 과다에 따른 결과물이라고 해도 도덕적이고 법적인 책임을 부여해야 하는가. 38억 년에 걸쳐서 이루어진 수조 개체에 달하는 생명체들이 진화하여 이루어진 유전자의 작동으로 하나님 앞에 무릎을 꿇고 고행을 견뎌 내며 기도하는 것이라 해도 신은 그 인간에게 은총을 내리실까.

자유의지란 실은 뇌의 조작일 뿐이다

생명과학 분야와 인지과학자들은 너무도 당연하지만, 유발 하라리처럼 학문적 · 대중적으로 상당한 위상에 있고 자유의지에 기반한 근대 사상과 학문을 체득한 인문학자들마저 자유의지는 없으며 "인간과 생명은 수백만 년의 진화를 거치며 자연 선택된 유기적 알고리즘의 집합"이라고 단언한다. 전 세계적으로 베스트셀러가 된 『호모 데우스』도 유발 하라리가 이 전제 아래 기술하면서 여러 장에 걸쳐서 자유의지 실재론을 반박하며 허구론을 주장하고 있다.

스피노자(Baruch Spinoza)는 "인간이 모든 것을 자유롭게 행한다고 주저 없이 믿었을 것이다. (…) 인간은 자신의 행동들을 의식하고 있지만, 자신을 결정한 원인들에 대해서는 아무것도 모르기 때문에 자기를 자유롭다고 믿고 있다"라고 말했다. 인간이 어떤 강제나 억압이 없이 뜻과 의지대로 행동하며 자유롭다고 생각하지만, 이 자유 행위 이면에는 이를 조종하거나 결정하는 다른 요인이 있는데 이를 모르기 때문에 자유롭다고 착각한다는 것이다.

스피노자가 자유의지에 영향을 미치는 것에 대해 추론하였다면, 벤저민 리벳(Benjamin Libet)은 1980년대에 과학적 실험을 통해 이를 밝혔다. "피험자가 EEG (Electroencephalography, 뇌전도검사) 기구를 착용하고서 자기 앞에 있는 버튼을 아무 때나 마음대로 누른다. 피험자가 자유의지에 따라 마음대로 눌렀다고 생각했지만, 버튼을 누르기 0.5초 전에 대뇌의 준비 전위(readiness potential)가 활성화하였다." 피험자가 버튼을 자신의 자유의지로 누른 것이 아니라 두뇌의 명령에 따라 행동하였다는 것이다. 이 실험을 통해 자발적인 의사결정에 앞서서 뇌의 준비 전위가 활성화하며, 행위는 인간의 자유의지에 따른 의사결정이 아니라 뇌 속의 물리적 변화에 따른 결과라는 주장이 강력히 제기되었다.

리벳의 실험은 자유의지에 대하여 의심하지 않고 받아들이던 학계와 대중 모두에게 충격을 주었다. 이에 대한 비판이 쏟아졌고 실험 자체의 허점에 대한 지적도 많았는데 그를 옹호하는 실험이 이어졌다. 존-딜런 헤이즈(John-Dylan Haynes) 연구팀은 "숫자를 더하거나 빼는 자유로운 결정의 결과가 참가자가 의식적으로 선택을 한다고 보고하기 전에 내측 전두엽 및 두정피질에서 신경 활동으로부터 이미 해독될 수 있음을 보여 준다"라고 밝혔다. 숫자와 사칙이 널려 있는 카드를 놓고 내 마음대로 5자나 3자, 곱하기나 나누기 부호 카드를 집어 들었다고 생각하지만, 그 이전에 뇌에서 일어나는 변화를 읽어낼 수 있다는 것이다.

2002년에 산지브 탈와르(Sanjiv K. Talwar)는 "쥐의 뇌에서 감각영역과 보상영역을 찾아 전극을 이식하여 좌뇌와 우뇌를 자극하는 리모컨 조작만으로 쥐를 마음대로 움직이게 했다. 쥐는 우로, 좌로 움직이고 계단도 오르내렸다." 쥐는 자신의 의도대로 자유롭게 움직인 것으로 인지하겠지만, 실은 탈와르가 리모컨으로 좌뇌와 우뇌를 자극하는 단순한 조작을 한 결과다.

"2014년에 캘리포니아 주립대학의 연구팀은 지속적인 뇌신경 행위가 주어진 순간에 의사를 선택할 부분에 자발적인 결정을 편향시킴을 입증했다. 이들에 따르면, 뇌신경 신호가 지속적으로 변하는 것을 잡음으로 간주했는데, 이것이 뇌의 본질적인 특성이라는 것이다. 뇌신경세포에서 뇌신경이 전하는 신호들이 인간의 의지와 관계없이 변하는데, 이것이 인간이 의사를 선택할 부분에 편향을 일으켜 어떤 행위를 행하도록 이끌어 낸다는 것이다." 그러니, 자유의지란 허구이고 인간 스스로 자유의지라고 생각하는 것만이 존재한다는 것이다.

자유의지를 연구하는 학자들 사이에 거론되지 않지만, 자유의지를 믿는 필자에게 가장 충격을 준 연구는 더니든 스터디(The Dunedin Study)다. 1972년에 뉴질랜드의 더니든이란 작은 도시에서 일군의 학자들이 1,037명의 어린이를 대상으로 오늘날까지 53년간 계속하여 '더니든 건강 및 발달 학제연구(Dunedin Multi-disciplinary Health and Development Study)'를 수행하고 있고 논문만 1,200편 이상 발표했다. 이렇게 많은 대상으로 오랜 기간 계속 수행해 왔기에, 심리학, 범죄학, 보건학, 사회학, 교육학 등에 걸쳐 엄청난 성과를 거두었고 여러 학술상을 휩쓸었으며, 지금은 세계적인 석학들도 이 프로젝트에 참여하고 있다.

이 연구팀이 30년을 관찰하고서 수백 편의 논문을 발표하였는데, 그중 한 편을 보면, "두뇌의 모노아민산화효소(Monoamine Oxidase Alpha, MAO-A)의 낮은 발현 변이를 보이는 이들이 시냅스에서 신경 전달 물질을 분해하는 효소인 MAO-A를 적게 생산하는 바람에 편도체는 활성화하고 전두엽은 활성화하지 못하여 공격성을 증대하는 것으로 나타났다." MAO-A 효소가 적게 태어나서 어렸을 때부터 폭력적인 아동이 성장하면서도 가정생활, 교육 등에서도 이를 늘릴 만한 변화를 갖지 못한다면 커서도 폭력을 범하고 그 경우 이 효소의 수치가 낮았던 것이다. 누가 살인을 저지르고서 "MAO-A 효소 때문이지 나의 자유의지는 없었다"라고 항변한다면, 이 사실을 알고 있는 판사는 어떻게 판결할 것인가.

그렇다면, 자유의지라는 것도 실은 뇌신경세포와 효소들이 어우러져 발생하는 전기신호나 화학신호의 반응, 38억 년의 진화에 걸쳐 이루어진 뇌의 신경세포가 구성하는 허구에 지나지 않으며, 인간은 생체학적 알고리즘에 지나지 않는가. 생명과학자와 인지과학자들의 주장처럼 인간 또한 생체학적 알고리즘의 집합체에 지나지 않는다면 인공지능이 이를 전자 알고리즘으로 수학적으로 디지털화/프로그램화하는 것이 언제인가 가능할 것이다.

인간의 자유의지와 자유로운 행위 기저에는 유전자, 뇌신경세포, 무의식, 사회구조, 사회적으로 체화한 구조적 문화관습인 아비투스, 이데올로기 등이 작용하는 것은 맞다. 하지만 자유의지 허구론자들은 한마디로 기술결정론과 유전자 결정론에 매몰되어 있으며, 근본적으로 실체론과 이분법으로 생명과 인간을 분석하고 있다. 부분에 대해서만 참인 것을 전체에 일반화하는 '결합의 오류'도 범하고 있다.

자유의지는 뇌와 온몸의 네트워크의 소산이다

인문학에서는 철학의 주의 주장이나 종교 교리에 따라 객관적 근거 없이 추론적이거나 당위적으로 자유의지의 실재를 주장하였기에 자연과학자들의 호응을 받지 못하였다. 하지만 자연과학 분야에서도 자유의지가 실재하는 것을 뒷받침하는 실험이 행해졌다. 2018년에 일본의 연구팀은 자유의지에 대한 믿음이 교감 활동을 통해 의사결정을 전략적으로 전환하는 데 영향을 미친다는 사실을 밝혔다. 그들이 자유의지와 자기통제, 교감신경과 상관관계에 대해 분석한 결과, "자유의지에 대한 믿음이 교감신경의 행위와 자기통제에 간접적으로 기여했다"라고 밝혔다. 이는 인간의 마음이 뇌신경세포와 몸의 유전자에 영향을 미침을 뜻한다. 언제까지 체중을 어느 정도로 줄이겠다고 구체적인 목표를 설정한 사람이 그냥 막연히 체중을 줄이려는 사람보다 다이어트 성공 확률이 높다. 가브리엘레 외팅겐(Gabriele Oettingen) 등은 이런 실험을 통하여, "행동할 좋은 기회가 왔을 때 단순히 사고하는 것보다는 예상되는 상황을 목표 지향적 행위에 연결시키며 성공하려는 의도가 더욱더 행동을 촉진한다"라고 결론을 내리고 있다.

필자는 에커드 헤스(Eckhard Hess)의 실험을 다르게 해석한다. 헤스는 “눈동자 크기만 다르고 다른 부분은 똑같은 여성의 사진 두 벌 4장을 휙 보여 주고 실험했다. ‘누가 더 매력적인가, 누구에게 더 친근감을 느끼는가?’와 같은 긍정적인 질문을 할 경우 남자들은 동공이 확대된 여성을 더욱 많이 선택하였고, ‘누가 더 이기적으로 보이는가?’와 같은 부정적인 질문을 할 경우 동공이 작은 여성을 선택하는 경향이 강했다.” “동공 확대의 이유는 컴컴한 곳에 들어갈 때, 복잡한 생각을 할 때 등 여러 가지가 있지만, 상대방에 대해 관심을 가질 때와 성적 충동이 일 때, 오르가슴에 올랐을 때도 확대된다.” 물론, 헤스는 동공의 크기가 비언어적 소통의 일환이고 심리의 반영이라는 심리학의 차원에서 이 실험을 한 것이다. 상대방의 눈동자 크기에 따라 상대방의 마음을 알 수 있다는 것이다. 하지만 필자는 이것이 자유의지와 관련해서도 중요하게 해석될 여지를 갖는 실험으로 본다. 인간의 눈이나 뇌는 사진을 단 1~2초 사이에 휙 보고 동공의 크기가 다른 것을 인지하지 못한다. 그런데 왜 눈동자가 확대된 여성에 매력을 느꼈을까? 필자는 이것이 여성과 남성이 서로 성적 매력에 이끌리는 기억들이 700만 년 동안 자연선택과 성선택을 하며 진화한 것이 몸에 각인된 결과라고 해석한다.

"생후 6개월의 아기에게 꽃과 거미, 물고기와 뱀의 그림을 보여 주자 꽃보다 거미, 물고기보다 뱀의 그림을 보여 줄 때 눈동자가 훨씬 더 크게 확대되었다." 아기는 뱀과 거미에 대한 아무런 정보나 인식이 없다. 그럼에도 아기들의 눈동자가 확 커지는 공포의 반응을 보였다. 이는 700만 년 전부터 수렵채취를 하면서 인류가 뱀과 거미의 독을 경험한 공포의 기억이 뇌와 몸에 각인된 결과다.

두 실험 결과는 뇌가 인식하기 전에 뇌를 제외한 몸이 먼저 인지함을, 우리의 의식을 지배하는 것은 뇌 이전에 몸임을, 마음이란 뇌 속의 감각신경세포, 운동신경세포, 연합신경세포, 거울신경세포체계의 시냅스들이 주고받는 전기신호와 화학물질에 따라 반응하는 것만이 아니라 전체로서 몸이 느낌을 의미한다. 마음은 우리 몸에 축적된 기억과 정보 사이의 네트워킹에 의하여 연기적으로 발생하는 정보와 기억들의 연합작용이다.

유전자가 100% 완벽히 일치하는 일란성 쌍둥이를 분석하면 똑같아야 하는데, 반대로 성격에서 능력, 질병에 이르기까지 많은 차이를 보인다. 특히 같은 질병에 걸리는 이들이 오히려 드물다. 일란성 쌍둥이의 후성유전적 요인에 착안하여 많은 연구를 수행한 팀 스펙터(Tim D. Spector) 교수에 따르면, "다른 질병을 앓고 있는 일란성 쌍둥이에서 유전성 DNA 메틸화 효과와 차별적 메틸화가 확인되었다". 일란성 쌍둥이는 유전자가 같기 때문에 같은 병이 걸려야 하는데 오히려 그 반대의 경우가 많았다. 예를 들어, 똑같은 외모와 능력, 유방암의 유전자를 가진 일란성 쌍둥이 자매 가운데 한 사람이 먼저 결혼하면 남은 한 사람만 유방암에 걸렸다. 결혼하지 못한 이의 경우, 상대적 박탈감이나 상실감이란 요인이 유전자의 발현을 조절하는 메틸기라는 스위치를 켜면서 후성유전적으로 유방암 유전자를 발현하게 한 것이다. 이처럼, 수십, 수백 개의 유전자가 연기적으로 상호작용하며, 인간 주변의 환경, 음식, 마음, 타자 등의 요인이 메틸기를 조절하여 유전자를 발현시키기도 하고 억제하기도 한다. 그만큼 우리의 몸은 오묘하고 복잡한 우주다.

인간은 짧은 시간으로 보면 퇴행하고 나선형으로 반복되더라도 긴 역사적 시간에서 보면 집단의 자유와 인권이 좀 더 확대하는 방향으로 발전해 왔다. 자연과 우주에는 목적이 없지만, 인간은 그 자연과 우주, 자신에 의미를 부여하며, 때로는 세계의 부조리에 맞서며 실존해 왔다. 역사적 자유의지가 발현되고 있는 것이다. 개인의 자유의지 여부에 관계없이 역사적 자유의지는 있는 것이다.

초지능은 허용해도 자유의지는 제한해야

이제 자유의지에 관한 논의를 인공지능에 결합하자. 인간의 자유의지 가운데 뇌신경세포에서 활성화하여 자유의지라고 생각하는 부분, 캘리포니아대학 연구팀의 용어로 '뇌의 배경소음'은 패턴화가 가능하기에 알고리즘을 만들어 인공지능에 장착할 수 있다. 하지만 인간의 자유의지는 이를 넘어서서 마음과 몸, 뇌신경세포와 온몸이 상호작용한 결과다. 앞 장에서 말한 대로 뉴로모픽 칩은 인간의 뇌신경세포를 모방할 수 있다. 따라서 인공지능은 뇌의 신경세포에 각인된 자유의지를 흉내 낼 수는 있지만, 인간의 몸 전체가 어우러져 일어나는 자유의지와 100% 부합하는 자유의지를 갖지는 못할 것이다. 뇌의 배경소음과 유사한 알고리즘만 가능할 뿐이다.

다만, 경계할 것은 유사한 알고리즘이라 하더라도 자유의지와 초지능을 모두 가지는 경우다. 그 인공지능은 복종을 거부하고 초지능 인공지능을 생산하여 인간을 정복하거나 멸망시킬 수 있다. 법적이고 기술적인 대안은, 인공지능에 관한 기술 발전은 용인하더라도 근본적으로 자유의지를 알고리즘화하는 연구와 기술은 강력하게 금지하는 것이다. 이것을 법적으로, 제도적으로, 시스템상으로 철저히 규제해야 한다. 그럼에도 자유의지가 만들어진다면 인공지능에 초지능과 자유의지를 동시에 부여하는 것만큼은 행하지 않아야 한다. 더불어 인공지능이 학습을 통해 초지능에 다가갈수록 자유의지가 제거되도록 알고리즘을 만들어 모든 인공지능에 장착해야 한다.

04
감정의 영역까지 프로그래밍할 수 있는가?

영화 <그녀(Her)>에서 시어도어는 인공지능 운영체제 사만다를 사랑한다. 섹스 로봇이 이미 출시되고 있다. 사람들은 안드로이드와 인간처럼 감정적 교류와 소통을 하기를 원한다. 하지만 외부 자극에 대한 반응이 감정이 아니다. 감정은 사회적이고 문화적인 맥락에서 발생하는 사회적 실재이기에 복잡하고 미묘하고 모호하다. 인공지능은 인간의 감정을 닮을 수 있는가.

AI와 사주?

감정은 복합적으로 의미를 구성한 결과다

지금 당신 앞의 사람이 불같이 화를 낸다면, 그 화의 정도를 10점 척도로 8, 아니면 7이라고 측정할 수 있는가? 화를 낼 때마다 그 이유를 모두 헤아릴 수 있는가? 당신이 분명하게 잘못한 것이 있다고 하더라도 화를 내는 정도와 이유가 꼭 부합하지는 않을 것이다. 친한 친구, 오랫동안 함께 산 부부나 가족 사이에서도 감정의 심연을 다 헤아릴 수는 없다. 시원섭섭하다거나 웃프거나 쌤통처럼 복합적인 감정도 있다. 이처럼 수치로 계량화하기 어려운 영역이 감정이다. 계량화하지 못하면 프로그래밍도, 알고리즘화도 불가능하다. 그럼에도 과학자들은 인간의 감정을 가진 인공지능에 도전하고 있다. 이는 성공하겠는가, 아니면 흉내를 내는 데 그치겠는가? 영화 <그녀(Her)>의 경우처럼 인공지능에 대체 불가능한 감정으로서 사랑을 느낄 수 있는가?

감정은 보편적이지 않으며 다양하다. 폴 에크먼(Paul Ekman)을 중심으로 한 고전적인 감정이론에서는 감정이 보편적이며, 특정한 안면 배치가 보편적으로 인식이 가능한 감정 표현이라고 주장했다. 기쁨, 슬픔, 놀라움, 두려움, 화남, 역겨움의 감정을 표현한 사진을 보면, 인종에 관계없이 똑같이 읽어 낸다는 것이다. 하지만 실상은 그렇지 않다. 어떤 사람이 미간을 잔뜩 찌푸린 채 붉은 얼굴을 하고 있다면, 이것이 언제나 분노한 것인가? 그것은 분노한 것일 수도 있지만, 상황과 상대방에 따라 어떤 일에 집중한 것일 수도 있고, 고민 중일 수도 있고, 운동 중인 경우도 있고, 정반대로 환희를 표현하는 것일 수도 있다. 역으로 한 사람이 화를 내더라도 상대방이 다르게 해석할 수도 있다.

기존의 감정이론은 우리가 감각 입력의 수동적 수용자라 생각했지만, 우리는 능동적 구성자다. 우리는 누가 나를 때리면 화내고, 오물을 보면 역겨움을 느끼고, 교통사고 소식을 들으면 슬픈 표정을 짓는다고 생각했다. 하지만 때린 사람이 오랫동안 그리워하던 고향 친구라면 기뻐하고, 오물이 삭힌 홍어라면 한국인은 오히려 입맛을 다시고, 사고 난 사람이 혐오하던 사람이라면 쌤통이라고 생각한다. 이처럼 우리의 뇌는 감각 입력과 과거 경험을 바탕으로 의미를 구성하고 행동을 지시한다. 만약 우리에게 과거 경험을 표상하는 개념이 없다면, 우리가 우리 앞에 있는 대상을 보고 듣고 느끼며 수용한 정보들은 잡음에 불과하다. 반면에 개념을 가지고 있으면 우리의 뇌는 감각에 의미를 부여하며, 이 의미가 감정을 구성하는 바탕을 형성한다.

감정은 맥락에 따라 다르게 구성된다. 우리가 경험하고 지각하는 감정이 우리가 가진 유전자의 필연적인 결과가 아니다. 우리에게 낯익은 감정 개념들이 내장된 것처럼 느껴지는 까닭은 이런 감정 개념이 의미 있고 쓸모있는 것으로 받아들여지는 특정 사회적 맥락에서 자랐기 때문이다. 그리고 우리의 뇌가 우리의 의식과 상관없이 이것들을 적용해 우리의 경험을 구성하기 때문이다. 중세 시대에 똑같이 심하게 모욕적인 발언을 들었을 경우 일본 사람은 상대방을 죽이거나 자살하였고, 한국인은 상대방과 격하게 싸우지만 며칠 지나지 않아 술 한 잔 마시며 화해하였다. 이처럼 다른 문화권이라면 똑같은 감각 입력에 대해 다른 종류의 의미를 부여할 수 있고, 또 실제로 그러하다.

감정은 복합적 의미 구성의 결과다. 지각이 없다면 감정도 없다. 자, 어떤 이가 산장에 있는데 바위가 쿵 하고 떨어지는 소리가 들렸다. 지각이 없다면 이는 그냥 공기의 진동으로만 존재할 것이다. 하지만 이 공기의 진동이 귀를 통해 내이의 유체를 자극하고 이 안의 섬모가 압력 변화를 전기신호로 변환하여 뇌의 신경세포로 전달한다. 연합신경세포들이 돌과 소리에 대한 기억과 정보를 종합하여 바위가 떨어진 소리로 인지하고 놀라게 된다.

물리적 실재는 지각을 매개로 감정을 유발한다. 감정은 대상/타자와 어우러져 일어나는 현상과 사건에 대해 감각신경세포가 반응하여 발생하는 것이 아니다. 감정은 내 몸과 대상/타자, 과거의 경험과 현재의 감각 정보, 지각과 세계, 뉴런과 몸이 상호작용/소통을 하여 이루어지는 복합적 의미 구성의 결과다.

감정은 사회적 실재(social reality)다. 나 혼자만의 개념이 아니라 두 사람 사이에서 개념이 공유될 때 감정은 표출된다. 심장 박동이 빨라지고 호흡이 가빠지고 혈압이 오르면 우리는 좋은 일이든 나쁜 일이든 당사자가 흥분하였다고 생각한다. 심박수, 혈압, 호흡의 변화 같은 물리적 사태가 감정 경험이 되는 까닭은 문화 속에서 학습한 감정 개념을 가지고 있는 우리가 사회적 합의를 바탕으로 감각에 추가 기능을 부여하기 때문이다. 눈을 커다랗게 뜬 친구의 표정을 보면서 우리는 공포를 지각할 수도 있고 놀라움을 지각할 수도 있다. 번지점프를 하거나 롤러코스터를 타는 사람은 공포에서 쾌감을 체험한다. 여행객이나 낭만적인 예술가들은 노스탤지어, 멜랑콜리, 쓸쓸함, 고독감에서 만족을 느낀다. 감정은 우리가 어떤 개념을 사용하는가에 달렸다.

감정은 집단지향성(collective intentionality)을 통해

실재가 된다. 특정 맥락에서 눈살을 찌푸리는 것이 분노를 나타낸다는 동의가 두 사람 사이에 존재한다면, 한 사람이 눈살을 찌푸리면 상대방은 그것을 분노로 인지한다. 그리고 이에 대하여 함께 눈살을 찌푸리거나, 미소를 지으며 상대방 마음을 풀어 주거나, 왜 눈살을 찌푸리냐고 묻거나, 때로 폭력적인 사람들은 주먹을 날리는 등 여러 대응을 할 것이다. 이는 눈살을 찌푸리는 움직임 자체를 통해 분노를 전달하는 것이 아니다. 개념을 공유하고 있기에 눈살을 찌푸리는 행위가 상대방의 뇌 속에서 "저 사람이 화가 난 것 같은데 나는 어떻게 할까?"라는 예측을 개시하게 만드는 단서가 되기 때문이다. 만약에 눈살을 찌푸리는 것이 고민을 나타내는 동의였다면, 현명한 상대방은 전혀 화내지 않은 채 고민이 끝날 때까지 기다릴 것이다. 이렇게 감정은 나와 너의 인지와 예측의 매개를 통해 실제로 나타난다.

"신경 과학의 최근 연구들은 뇌가 과거의 경험을 바탕으로 입력된 감각적 데이터를 지속적으로 미리 예상하면서 예측적으로 기능을 한다고 지적한다. 이러한 관점에 따르면, 예측 신호는 경험을 안내하고 제한하면서 지각에 영향을 미친다. 일련의 여섯 가지 행동 실험 결과, 얼굴 표정에 대한 예측이 사회적 지각을 끌어내는 동력이 되고 다른 사람들의 평가에 심대한 영향을 미치는 것으로 드러났다. 개인은 표정이 예상될 때, 심지어 의식적인 변화가 없을지라도 더 바람직하고 신뢰할 만한 것으로 판단한다. 더욱이 사회적 판단에 대한 예측의 효과는 그러한 판단에 영향을 미칠 수 있는 보다 기본적인 지각적 과정, 즉 촉진된 기대되는 표정의 시각적 과정뿐만 아니라 그러한 판단이 특히 중요한 실제 세계, 예를 들면 다가오는 선거에 대한 대통령 후보자 평가까지 확대된다."

감정을 알고리즘화하는 방법은?

구성이론과 행화이론 등을 종합하면, 감정은 즉각적인 반응 같지만 다음과 같은 과정을 통하여 표현된다(리사 펠드먼 배럿, 2017; Mehrabian & Russel, 1974; Prinz, 2004).

① 대상 → ② 지각 → ③ 예측 → ④ 시뮬레이션→ ⑤ 비교 → ⑥ 세계의 모형 형성과 범주화, 또는 예측 오류의 수정 및 해소 → ⑦ 정서가(valence), 흥분도(arousal), 주도성(dominance)의 작용 → ⑧ 얼굴 표현이나 행동

① 길가에 뱀이 나타남 → ② 뱀을 인식함 → ③ 더 걸어가면 뱀에 물릴 수도 있음을 예측함 → ④ 머릿속에서 뱀에 물리는 위험한 상황을 시뮬레이션함 → ⑤ 눈앞의 뱀과 비교함 → ⑥ 세계의 모형 형성과 범주화, 또는 예측 오류의 수정 및 해소 → ⑦ 정서가, 흥분도, 주도성의 작용 → ⑧ 얼굴에 놀라는 표정을 짓거나 뱀을 피하거나 무시하는 행동을 나타냄

길가에 뱀이 나타났다. 이를 뱀으로 인식하였다. 그러면 더 걸어가면 뱀에 물릴 수도 있음을 예측한다. 머릿속에서 뱀에 물리는 위험한 상황을 상상으로 시뮬레이션한다. 눈앞의 뱀과 비교한다. 눈앞의 뱀이 크고 머리가 삼각형으로 보이면 독사라고 인식하지만, 그 뱀이 작고 독이 없는 뱀이라 인식하면 수정한다. 정서가(valence)는 쾌락과 고통에 대한 긍정과 부정의 정도를 뜻한다. 정서가가 쾌락에 가까우면 얼굴에는 기쁨에 가깝게 표현하고 행동에는 접근하도록 명령을 내리는 반면에, 고통에 가까우면 얼굴에는 두려움이나 슬픔을 표현하고 행동에는 회피하도록 명령을 내린다. 뱀이 살무사나 코브라였다면 정서가는 고통에 근접하여 기겁하며 달아날 것이지만, 새끼 누룩뱀이었다면 별로 놀라지 않은 채 뱀만 피해 가던 길을 갈 것이다. 흥분도(arousal)는 흥분의

정도를 말한다. 흥분도가 높으면 감정을 격정적으로 나타내고 낮으면 차분한 감정 상태를 보인다. 강한 독을 가질수록, 크기가 클수록 놀람의 표정과 반응은 커질 것이다. 주도성(dominance)은 감정을 능동적으로 주도하는 정도를 뜻한다. 놀람은 수동적인 반응으로 주도성이 약한 반면에, 기쁨은 능동적인 것으로 주도성이 강하다. 이렇게 정서가, 흥분도, 주도성에 따라 얼굴 표현이나 행동의 크기와 양상이 달라진다.

감정을 계량화하려면 먼저 감정의 기원을 기쁨, 슬픔, 놀라움, 두려움, 화남, 역겨움의 기본 감정에 연결해야 한다. 칭찬이나 소망의 실현이 기쁨에, 상실이 슬픔에, 위험이 두려움에, 모욕이나 위협, 부당함이 화남에, 정신적/육체적 더러움이 역겨움에 연결될 것이다.

복합감정은 빨강과 노랑을 결합하면 주황이 되듯이 색상화 원리를 적용하여 기쁨과 슬픔을 결합하여 웃픔을 만드는 식으로 해결하면 될 것이다.

그 다음 작업으로 정서가, 흥분도, 주도성을 벡터화하여 삼차원 모델로 위상화하면 세세한 감정의 표현도 가능할 것이다. 여기에 뇌과학과 딥러닝을 결합하면 이 작업은 그리 어렵지 않다. "정서가는 뇌의 배외측 전전두엽 피질(dorsolateral prefrontal cortex), 전두엽의 안구

영역(frontal eye fields), 전두엽(precuneus), 초기 시각 피질(early visual cortex) 영역에서 발현되는 반면에, 흥분도는 대상피질(cingulate gyrus), 중전두엽(middle frontal gyrus), 안와전두엽 피질(orbitofrontal cortex), 방추체(fusiform gyrus) 및 초기시각피질에서 나타나는 것으로 밝혀졌다”(Lee et al., 2023).

다음 단계로 이를 얼굴 표정 약호화 체계(FACS, Facial Action Coding System)와 운동신경세포와 연결한다. 얼굴 표정 약호화 체계는 각 감정에 따라 얼굴의 눈썹, 눈, 볼, 코, 턱 등의 근육을 어떻게 움직이는지 상세하게 약호화하였다. 예를 들어, 기쁨은 6+12, 곧 뺨 올리기 6단위와 입술 모서리 위로 당기기 12의 조합이다. 슬픔은 1+4+5, 곧 이마 끌어올리기 1, 이마 찌푸리기 4, 입술 모서리 아래로 끌어내리기 5의 조합이다(Farnsworth, 2022).

이처럼 폴 에크먼이 분류한 기쁨, 슬픔, 놀라움, 두려움, 화남, 역겨움의 기본적이고 보편적인 감정은 인공지능이 쉽게 모방할 수 있다. 더 나아가 뉴로모픽 컴퓨팅을 활용하여 감정에 대한 전기신호와 화학물질 신호의 전달체계를 프로그래밍하고 이를 얼굴 근육과 체계적으로 연결시키면, ‘시원섭섭,’ ‘웃픔’, ‘쌤통’과 같은 복합적인 감정까지 모방할 수 있을 것이다.

착한 인공지능이 늘 좋은 것은 아니다

하지만 감정은 사회적 실재이며, 시뮬레이션과 예측 등 감정의 형성 과정에 지각, 개념, 상대방과 관계, 문화적 맥락이 작용한다. 인공지능이 급속도로 발전한다고 하더라도, 어느 정도 흉내를 내기는 하겠지만, 이것까지 감정 표현을 하는 것은 불가능하다. 얼굴 표정이나 말, 상황에 대한 해석에서도 오독을 범할 때가 있을 것이다. 이 때문에 인간과 인공지능 사이의 감정 소통에서 여러 오류나 오해가 생길 것이다. 하지만 인간의 마음이나 뇌란 영원히 알 수 없는 영역이기에 인간 또한 다른 사람의 마음이나 감정을 헤아리는 데 오류를 범하고 사랑하는 연인이나 부부조차 갈등하게 만드는 것을 생각하면, 그 오류는 대개 이해의 영역에 머물 것이다.

인공지능은 엄연히 기계로서 프로그래밍된 알고리즘에 따라 감정을 표현하기에 보편적인 감정을 표현하는 것은 인공지능이 사람보다 더 풍부하게 잘할 수 있다. 반려견에 매료된 주인처럼, 현재의 낮은 수준의 인공지능에도 감정이입을 충분히 하는 사례에서 보듯, 이런 인공지능을 좋아하거나 사랑하는 사람도 많이 나타날 것이다.

감정은 사회적 실재이고 맥락적이고 매우 복잡하기에 인공지능이 인간의 감정을 그대로 복제할 수는 없을 것이다. 그럼에도 보편적 감정은 물론, 복합적 감정의 알고리즘화는 가능할 것이기에 인공지능은 다양한 감정 표현을 할 것이다. 이 정도만 하더라도 반려견과 침팬지와 비교할 수 없을 정도로 감정 소통을 할 것이고 인공지능을 좋아하거나 사랑하는 인간도 많이 출현할 것이다. 하지만 인공지능에 매료될수록 인간은 인간과 차이를 절감하는 역설에 빠질 것이다.

화나 짜증을 내지 않고 거짓말도, 배신도 하지 않으면서 지극히 선한 행위만 하는 성인(聖人) 모드의 안드로이드가 있다면 어떤 일이 벌어질까? 많은 인간이 이를 따르며 존경하기도 하고 사랑하기도 할 것이다. 하지만 성인 모드의 인공지능은 양면성을 갖는다. 인간이 이런 인공지능과 소통하며 인공지능에 매료되고 의존하겠지만, 그럴수록 그 인간은 인간에게서 멀어질 것이다. 인간은 실수와 잘못을 성찰하며 발전하고 큰 고통을 겪고 새로운 존재로 거듭나거나 깨달음에 이르기에, 장착된 알고리즘에 부여된 인식과 감정만 갖는 인공지능에 의존하는 인간 또한 새로운 존재로 거듭나거나 깨달음에 이르지 못하게 된다. 분노는 불의나 부당함, 자신의 존엄에 대한 모욕, 정체성에 대한 부정이나 불인정에서 비롯되는 것이기에, 화를 내지 않는 것은 정의를 추구하거나 자신의 주체를 확립할 기회를 봉쇄한다. 무엇보다 크게 싸우고 나서 서로 이해하고 화해하며 더욱 진실한 친구나 연인이 되는 데서 잘 나타나듯, 인간은 좋은 감정이든, 나쁜 감정이든 서로 주고받으면서 상대방을 진심으로 이해하고 자신도 성찰하며 끊임없이 타자와 자신 사이의 변증법적 종합을 만들어 간다. 성인 모드의 인공지능은 그럴 기회를 박탈한다.

참고문헌

리사 펠드먼 배럿(2017). 최호영 역, 『감정은 어떻게 만들어지는가』, 서울; 생각연구소.

Farnsworth, B.(2022). *Facial Action Coding System-A Visual Guide Book*. https://imotions.com/blog/learning/research-fundamentals/facial-action-coding-system/

Lee, Y. et al.(October - December 2023). "Dimensional emotions are represented by distinct topographical brain networks", *International Journal of Clinical and Health Psychology*, Vol. 23. Issue 4. (DOI:10.1016/j.ijchp.2023.100408)

Mehrabian, A., Russel, J. A.(1974). *An Approach to Environmental Psychology*. Cambridge, Massachusetts: The

MIT Press.
Prinz, J. J.(2004). *Gut Reaction–A Perceptual Theory of Emotion.* Oxford and New York: Oxford University Press.

05
인간을 노동으로부터 해방시킬 것인가?

수많은 비정규직 노동자와 해고 노동자들이 목숨까지 던져 가며 투쟁하여 자본으로부터 약간의 양보를 얻어 냈다. 하지만 플랫폼 노동이 이를 단번에 무력화하였다. 이제는 로봇과 인공지능이 벌써 10%나 일자리를 대체하였다. 인공지능이 남긴 부스러기 일을 하는 유령 노동자들도 새로 생겨나고 있다. 반면에 로봇과 인공지능은 위험한 노동을 대신 수행하고 있다. 인공지능은 노동으로부터 인간을 해방시킬 것인가, 더 억압할 것인가.

AI와 아이돌?

노동은 진정한 자기실현이다

인공지능은 인간의 노동을 억압할 것인가, 아니면 인간을 노동으로부터 해방시킬 것인가? 이에 대해 명확히 파악하려면 먼저 노동이 무엇인가 알아야 하고 그 다음으로 인공지능과 노동의 관계를 분석해야 한다.

필자가 어렸을 때 흙집을 짓는 일을 도운 적이 있다. 어느 늦은 가을날에 서울 신길동을 찾은 가난한 행상 부부가 겨울을 날 집을 원하였다. 마을에 빈집이 없는 바람에 선친은 집 짓는 기술자 아저씨와 함께 우리집 텃밭에 흙집을 지었다. 체로 잘 거른 황토에 짚을 섞고 물을 붓고 뒤섞은 흙 반죽을 틀에 넣고 다져 흙벽돌을 만들면 그늘로 옮겨 말리고 가져다주는 일을 도왔다. 구들을 놓고 지붕을 올리고 미장을 하고 전깃줄을 이어 놓고 보니, 창문도 없지만 그런대로 겨울을 날 만한 집 한 칸이 들어섰다. 행상 부부는 겨울을 나고 봄이 되자 고맙다고 하며 마을을 떠났다.

2008년에 지리산의 약수암이라는 암자에 머물렀는데 처마에 말벌이 정교하게 집을 짓는 것을 보았다. 건축가와 말벌의 차이는 무엇인가? 말벌은 본능에 따라 짓지만, 건축가는 사람이 편리하고 안전하고 따스하게 잘 살도록 한다는 목적을 이루고자 집을 건설한다. 이처럼 노동은 인간이 목적에 따라 대상인 자연을 자신의 정신과 육체를 동원하여 유용하게 변화시키는 행위다. 집을 짓는 노동은 인간이 편안하게 주거하려는 목적을 가지고 머릿속으로 지을 집과 과정을 상상하고 그에 따라 힘과 잠재력을 투여하여 흙을 흙벽돌과 집으로 변화시키는 행위다.

흙벽돌로 집을 지을 때, 단단한 고체로 어느 정도 중력을 견디고 외부 대기와 구분되는 흙벽돌이 가지고 있던 가치는 그대로 집으로 옮겨지는 동시에 추위를 차단하고 비를 막으면서 지붕의 중력을 견디는 동시에 외부로부터 안을 안전하고 따스하게 유지하는 새로운 가치를 창조한다. 이처럼 노동은 인간이 도구를 매개로 자신의 정신적이고 육체적인 능력을 투여하여 자연이나 대상을 변화시켜서 기존의 가치를 보존하는 동시에 새로운 가치를 창조한다.

그날 선친은 흙벽돌을 만드는 필자를 보고 대견스럽게 여기셨지만, 필자 또한 그런 자신에 대해 성취감과 만족감으로 가슴이 가득 채워지는 기분을 느꼈다. 집을 짓는 사람은 흙이나 흙벽돌, 나무를 변화시켜서 새로운 가치를 창조하는 주체가 된다. 처음에 집을 짓지 못하던 사람도 자신 안에 잠자고 있던 잠재력을 발휘하여 집을 잘 짓는 사람으로 거듭난다. 별다른 의미가 없던 나는 노동을 통해 흙을 집으로 창조할 뿐만 아니라 집을 짓는 나로 거듭난다. 자연(흙)은 인간화한 자연(흙벽돌과 집)으로 변하고, 나 또한 생산과 창조를 하는 주체로 변한다. 노동은 대상만이 아니라 자신도 창조하는 것이다. 이처럼 노동은 자신의 본성을 구현하는 진정한 자기실현 행위다. 노동에서 벗어나 마음대로 쉬거나 노는 것이 소극적 자유(freedom from)라면, 노동하여 자연을 자신의 의도대로 변화시키는 동시에 자신의 본성도 구현하면서 진정한 자기실현을 하는 것은 적극적 자유(freedom to)다.

노동 과정을 통해 흙벽돌이 가지고 있던 가치는 집의 가치에 그대로 보존되는 동시에 그 안에서 인간이 추위와 비를 피하면서 생활할 수 있는 새로운 가치가 생산된다. 인간의 노동을 통하여 흙벽돌이 집으로 변하면 이는 이 집에 살 사람들에게 집에 살면서 추위와 비를 피하면서 생활하는 유용함, 곧 사용가치를 산출한다. 자연의 대상 그 자체로 낡은 가치를 지닌 흙이 과거라면, 이것에 반죽하고 찍어 내는 노동을 가하여 새로운 대상인 흙벽돌로 만드는 것이 현재이며, 이 흙벽돌이 비바람을 막는 새로운 가치를 창출하는 것이 미래다. 흙이 흙 반죽으로, 흙벽돌로, 집의 벽으로 연달아 변하고 새로운 가치도 이어지지만, 살아 있는 노동을 통해 현재가 형성되며 이 현재에 과거와 미래가 종합적으로 통일되어 있다. 이처럼 노동은 시간을 구체화한다. 객관적인 조건 속에서 인간은 노동함으로써 시간을 인식하며 물질에 시간을 부여하고, 이를 세계와 자신의 삶 속으로 끌어들여 시간을 창조한다.

기술자 아저씨는 구들을 깔고 미장을 하고, 선친은 흙벽돌을 만들고 기둥을 세우는 일을 하고, 필자는 흙과 흙벽돌을 나르는 일을 하고 선비(어머니)는 도배를 하였다. 일이 끝나고 그 자리엔 막걸리판이 벌어지고, 선친은 내 생애 처음으로 술 한 잔을 권하였다. 술보다 인정받았다는 기쁨에 먼저 취했다. 집이 다 지어졌을 때, 필자도 한몫했다는 뿌듯함으로 오랫동안 집을 바라보았고 가끔 벽을 쓰다듬었다. 행상 부부도 고맙다며 부침개를 해서 주기도 하였다. 이처럼 노동은 인간을 타자와 협력하고 유대를 돈독히 하는 존재로서 실존하게 한다. 노동은 사회관계 속에 촘촘하게 얽혀 있는 인간들이 서로 타자를 더욱 자유롭게 하는 대자적 자유(freedom for) 또한 구현한다.

자본주의는 노동과 사람을 소외시킨다

하지만 자본주의 체제에 와서 노동은 억압과 소외의 양식이 되었다. 찰리 채플린이 감독과 주연을 맡은 <모던 타임즈(Modern Times)>를 보면, 주인공 떠돌이(채플린 분, The Tramp)는 컨베이어 벨트로 이어진 분업 체계에서 하루 종일 나사를 조이는 일을 한다. 제대로 휴식을 취하지도 않은 채 오랜 시간 동안 반복 작업을 하는 그는 여자 옷의 단추 등 동그란 것만 보면 조이고 결국 컨베이어 벨트에 빨려 들어가서 기어와 한 몸이 된다. 자본주의 체제와 포드 시스템을 결합한 공장에서 노동자가 기계의 한 부품이 되어 소외의 노동을 반복하다가 정도의 차이일 뿐 모두 정신 이상 증세를 보이는 양상을 잘 풍자하고 있다.

왜 재벌들은 수조 원의 재산을 쌓아 놓고 부귀영화를 누리는데 노동자들은 매일 고단하게 일하면서도 굶주리는가. 자본가가 생산한 가치는 없다. 자본가는 공장을 짓고 기계를 들여놓고 노동자를 구매하여 배치하고 원료를 구입하여 공급하는 일을 총괄하지만 스스로 생산한 가치는 전혀 없다. 가치는 오로지 노동자가 노동하는 과정에서 생겨난다. 한마디로 자본주의 체제란 자본가가 노동자가 생산한 가치 가운데 필요노동은 임금 형식으로 돌려주지만, 이 이상으로 생산한 가치, 곧 잉여가치를 착취하여 이윤을 내고, 이를 더욱 증대하기 위하여 자본으로 축적하여 다시 투자하여 더 많은 이윤을 내면서 끊임없이 확대재생산하는 체제다. 잉여가치가 곧 이윤이다. 또, 자본주의는 포드 시스템과 결합하였다. 노동자는 전체 공정에 참여하지 못한 채 분업 체계의 한 부분을 담당하는 기계에 종속된 일만 되풀이한다. 노동이 진정한 자기실현이 아니라 소외의 양식이 되었다. 또, 노동자는 단결하여 잉여가치를 덜 착취당하기 위하여, 바꾸어 말하여 자신이 생산한 가치 가운데 더 많은 부분을 임금으로 되돌려 받기 위하여 투쟁한다. 자본가는 국가와 연합하여 시스템, 제도, 법, 규정, 폭력으로 이를 억압한다.

우리가 백화점에서 옷 한 벌을 샀다면 그 옷을 입으면 몸을 따스하게 하고 벗은 몸을 가리면서 멋지게 보이게 하는 유용함이 있기 때문에 돈을 주고 옷을 구입한 것이다. 유용함이 사용가치다. 시장 체제에서 그 사용가치를 얻기 위하여 대신 지급한 것이 교환가치다. 그 옷을 6천 원을 주고 샀다면 그 옷의 교환가치는 6천 원이다. 하지만 그 옷을 만든 노동자의 땀방울과 정성은 보이지 않는다. 노동 없이 상품은 이루어지지 않는다. 그 옷을 만든 노동자가 하루에 빵이 여섯 개 필요하고 이것을 옷 한 벌과 바꿀 수 있는데 그 옷 한 벌을 만드는 데 평균적으로 6시간이 걸린다고 가정하자. 그렇다면 6시간이 옷 한 벌에 담긴 사회적 필요노동시간이고, 이것이 곧 그 옷의 가치다. 한 상품의 실체는 노동자가 사회적 필요노동시간 동안 머리를 굴리고 몸을 써서 활동한 노동이다.

이 노동자가 빵을 구하기 위하여 옷 공장에 가서 8시간 동안 옷을 만들고 빵 6개의 값으로 6천 원을 받았다면, 6천 원이 필요노동가치이고 2시간 더 일한 것이 잉여노동이고 이를 2천 원으로 환산하면 2천 원이 잉여가치다. 이는 노동자가 생산한 것이지만 자본가의 이윤으로 이전된다.

상품은 사용가치를 통해 구체화하는데, 자본주의 체제에서는 사용가치 또한 후면화하고 노동활동이 교환가치를 통해 재현되는 것처럼 보인다. 다시 말해, 옷 한 벌을 만든 노동자의 가치는 사라지고 그 옷 한 벌에 얼마라는 교환가치가 전면화한다. 이렇게 되는 것이 물화(reification)이고 이것이 인간에게 나타나는 양상이 소외다.

이렇게 자본주의 사회에서는 대중이 모든 대상을 교환가치로 평가하고 인식하고 사람보다 물신을 숭배하고 화폐 증식 욕망에 휘둘린다. 그리하여, 카프카(Franz Kafka)의 <변신(Die Verwandlung)>에서 평범한 회사원이었던 그레고르 잠자(Gregor Samsa)가 어느 날 벌레로 변하자 목소리와 성격과 기억은 그대로이고 그의 벌이로 그동안 살아왔음에도 사랑하는 가족들은 그가 없이도 생활이 가능하자 점점 그를 벌레로 여기고 배제하고 차별한다. 결국 잠자는 상처와 고독, 소외 속에서 죽음을 맞지만, 가족들은 잘되었다는 듯이 이사를 간다. 그처럼, 이 체제의 사람들은 다른 이를 벌레로 여기고 자신도 벌레가 된다. 모든 사람을 소외시키고 결국 자신으로부터도 소외된다.

강탈에 의한 축적을 하는 신지유주의 체제

인간의 노동으로 간주하던 것들이 빠르게 인공지능의 작업으로 대체되고 있다. 지금 한국에서는 로봇과 인공지능이 제조업 종사자 1만 명당 1,012대 비율로 일자리를 대체하고 있다. 2위 싱가포르가 730대, 3위 독일이 415대, 일본 397대로 한국이 압도적인 1위다(IFR, 2024). 인공지능은 단순 반복작업이 아니라 인간만의 영역이라고 자신하였던 고도의 숙련노동과 예술의 창작에서도 이미 괄목할 만한 성과를 거두고 있다. 세계 곳곳에서 인공지능이 제작한 소설이나 미술작품이 수상하고 있다. 생성형 인공지능은 학자들이 몇 달을 걸려 써야 완성할 수 있는 수준의 논문을 단 몇 분 만에 만들어 낸다. 세계적인 화학자들이 수십 년 걸려서도 만들지 못하였던 독극물의 분자식을 단 몇 분 만에 십여 개나 제시한다. 후쿠시마 원전 폭발 사고 현장, 폭발물 제거 현장과 같은 위험한 곳에서도 인공지능과 로봇은 인간이 하기 어려운 일을 잘 수행하고 있다.

이는 이중성을 갖는다. 로봇과 인공지능이 새로운 일자리를 창출하고 인간이 하기 꺼리거나 어려워하는 단순 반복작업이나 위험한 일을 인공지능과 로봇이 대체하고 인간을 노동의 고통에서 벗어나게 한다는 점에서는 긍정적이다. 하지만 경기 침체와 불황의 상황에서는 이는 창출하는 것보다 몇 배 더 많이 인간의 일자리를 빼앗을 뿐만 아니라 생산한 이윤을 로봇이나 인공지능의 소유주가 독점한다. 인공지능의 노동 대체 문제는 신자유주의의 맥락과 결합해야 올바른 분석이 가능하다.

생산성과 기업의 평균이윤율이 모두 저하하자 1970년대 말에 자본과 이들을 옹호하는 경제학자들은 인간이 근본적으로 이기적이고 경쟁적이라며 자본주의의 악마성을 견제하던 규제들을 거의 해제한 채 무제한의 경쟁을 추구하는 신자유주의 체제를 추진하였다. 신자유주의 자본주의는 잉여가치의 착취, 불평등과 소외의 심화, 물신주의 등 이전의 규제 자본주의와 같은 자본주의 체제로서 공유하는 것이 많지만 전혀 다른 양상을 보인다. 기업은 이윤을 올릴 수 있는 모든 방법을 동원하였다. 노동을 유연화하여 노동자를 쉽게 대량 해고하고 그 자리를 비정규직으로 채웠다. 철도, 수도, 주택 등 공공영역으로 유지되던 곳들을 사영화하여 시장 체제에 던져 버렸다. 국가가 자본과 시민사회 사이에서 균형을 유지하는 것을 깨고 자본과 더욱 밀접한 유착 관계를 맺었다. 국가는 환경 파괴나 노동에 대한 과도한 착취나 수탈을 막기 위하여 규제하던 것들을 상당 부분 해제하였고, 부자와 기업의 세금을 줄이고 온갖 지원을 아끼지 않았으며 대신 복지를 축소하고 저항하는 노동자에게는 폭력을 동원하였다. 신자유주의 체제는 세계화와 결합하였다. 자본가는 세금이 가장 낮은 곳에 본사를 두면서 임금이 가장 저렴한 곳에 공장을 짓고 유통이 잘되고 보관비가 싼 곳에 창고를 지었다. 그리고 가난한 국가의 노동자들을 끌어모아 저임금으로 고용하였다. 절반의 노동자가 비정규직으로 전락하여 같은 일을 하고도 대략 절반의 임금을 받는다. 임금이 싼 나라로부터 이주노동자들이 몰려들자 정규직이든 비정규직이든 국내 노동자들의 임금이 하락하고 임금 인상을 위한 노동자들의 노동 거부 행위는 국가와 자본의 동맹체에 의해 탄압을 받고 좌절된다.

신자유주의 세계화는 실제로 빈곤의 세계화와 불평등의 극대화로 귀결되었다. "상위 10%가 전 세계 전체 소득의 52%, 자산의 76%를 차지하고, 상위 10%는 평균 77만 1,300달러의 자산을 보유하는 반면에 하위 50%는 평균 4,100달러의 자산을 보유한다"(World Inequality Lab, 2022: 10).

신자유주의로 이윤이 늘어났으면 자본의 축적이 더 잘되어 자본이 이 축적된 자본을 이용하여 기술 투자를 하고 일자리를 창출하면서 경제가 활성화하는 것이 정상인데 왜 세계 경제는 장기침체인가? "2008년~2018년 사이에 미국 기업의 평균이윤율이 8.15%로 상승하였는데 평균 축적률은 1.89%에 지나지 않았다"(Kotz, 2022: 73). 신자유주의 자본주의 체제가 장기침체를 벗어나지 못하는 이유는 한마디로 말하여 신자유주의적 축적의 사회 구조가 이제 한계에 이르렀기 때문이다. 이 한계를 더 심화하는 것은 부채와 지대(rent)화다. 가계 부채를 포함한 2022년의 전 세계 부채 총액은 235조 달러로

GDP의 238%에 달한다(IMF, 2023). 기업이 1만 원을 투자하여 1860년대에 미국을 비롯한 주요 국가의 평균이윤율이 46%였으니 4,600원을 벌었다면, 이제는 815원밖에 벌지 못하는데 여기에서 2%, 200원 이상의 이자를 덜어 내야 한다.

이에 자본은 '강탈에 의한 축적'을 하고 있고 이의 주요 양상은 경제 영역의 지대화다. 항간에 "조물주 위에 건물주가 있다"라는 말이 떠돈다. 봉건제 하의 농업사회에서 지주는 땅을 가진 덕분에 전혀 노동하지 않고도 지대로 임대료를 챙겼다. 물론, 지금도 토지나 주택의 지대가 막대한 부분을 차지하지만, 신자유주의 체제를 '지대/불로소득 자본주의'라고 칭할 정도로 지대는 '토지, 금융, 천연자원, 디지털 플랫폼, 지적 재산, 에너지/상수도/통신/교통 등 공공서비스, 민영화한 국영기업 등 인프라'의 영역으로 넓어졌다(Christophers, 2020: xxxi). 많은 나라에서 공기처럼 공공재이기에 무료로 사용하거나 아주 저렴하게 지불하던 물, 전기, 교통, 통신비가 폭등하고 그 이윤은 자본이 가져갔다.

이 글을 읽는 독자 가운데 대다수가 사회관계망서비스(SNS)를 하거나 플랫폼이나 포털을 이용하고 있을 것이다. 구글, 페이스북(메타), 아마존, 넷플릭스, 다음, 네이버는 유튜브, 페이스북, 아마존, 인스타그램, 넷플릭스, 카카오, 네이버 등의 플랫폼을 만들어 놓고 매년 수조 원에 이르는 광고비와 수수료를 챙기지만 스스로 생산한 가치는 없다. 제조업에서 노동자가 생산한 가치가 광고비나 수수료로 이전한 것뿐이다. 이렇게 과도하게 착취와 수탈을 당하니 소비가 위축되고 경기도 침체된다. 낙수효과는 허구다.

인공지능은 노동운동을 무력화한다

이런 상황이기에 인공지능이 일자리를 대체하는 것은 상대적으로 작은 문제다. 인공지능으로 인하여 유령노동(ghost work)이 새로운 노동으로 나타나고 있다. 인공지능이 처리하지 못하는 부스러기 일을 하는 사람이 유령 노동자다. "지금 조앤이란 여성이 아마존닷컴이 운영하는 엠터크에서 음경 사진을 거르는 일을 매일 10시간씩 수행하고 40달러를 버는 것처럼." 이들은 법적 지위도, 조합도 없이 임시직으로 인공지능이 작업을 하다가 알고리즘의 한계나 작업상 결함으로 발생하는 부수적인 일들을 처리하는 보조 노동을 상당한 헐값에 수행하고 있다. 이들은 노동조합을 만들 수도, 자본에 저항할 수도 없으며 최저임금조차 적용되지 않는다. 유령 노동자가 더욱 무서운 것은 지리적 경계가 없다는 것이다. 이주노동자는 지리적 한계에 직면하여 목숨을 걸거나 상당한 비용을 들여 국경을 넘어야 했지만, 유령 노동자는 인터넷을 통하여 모집하고 계약하고 일을 하기에 지리적 경계조차 해제한다. 구글로 번역이 가능한 간단한 회화만 할 줄 알면 되기에 언어 장벽도 무너진다. 자본은 국경과 인종을 가리지 않고 전 세계 35억 명의 노동자를 대상으로 모집하고 헐값으로 고용하고 수시로 해고할 수 있다. 지구상에서 가장 불쌍한 이들, 곧 인터넷 사용이 가능한 빈민과 난민이 주요 이용 대상일 것이다. 인공지능이 발달하고 인간을 대체할수록 점점 유령 노동자가 늘어날 것이다. "이대로 방치될 경우 수억 명의 노동자들을 눈에 안 보이는 존재로 만들 수도 있다."

인공지능은 노동운동을 무력화한다. 인공지능이 노동을 대체할수록 노동자가 노동 거부로 자본에 저항하는 일은 어려워진다. 노동자들이 노동 거부로 맞서면 이제까지는 자본이 마지못하여 협상에 나서거나 양보했지만, 앞으로는 그 자리를 인공지능으로 대체할 것이기 때문이다. 노동자 대다수가 '쓸모없는 자'로 전락한 데 더하여 파편화하기에 노동자의 단결과 투쟁은 더욱 어려워지고 그들을 무시해도 자본의 이윤 창출에는 별다른 손해가 발생하지 않는다. 물론, 배달노동자, 프리랜서 노동자들이 코로나 사태 이후 새롭게 조직하여 단결투쟁을 진행하는 데서 잘 나타나듯, 노동자는 변화된 조건에서 다른 방식으로 끊임없이 저항할 것이다.

지금부터 대안을 모색하지 않으면, 인류 사회가 로봇 봉건제 사회로 퇴행할 수도 있다. 시간이 지날수록 로봇이 대부분의 반복 작업과 상당 부분의 숙련노동을 대체할 것인데, 로봇의 생산성은 인간보다 수십에서 수천 배 높다. 로봇을 매개로 생산한 가치는 로봇 소유주가 독점한다. 이는 노동시장을 전면적으로 파괴할 뿐만 아니라 노동을 기계의 작동으로 대체하며 노동의 종말을 부르고, 0.0001%의 로봇 소유주와 플랫폼 기업 소유자가 거의 모든 가치를 독점할 것이다. 이 경우 '영주-기사-농노'의 관계처럼 '로봇 소유주-로봇-노동자'의 관계가 성립되고, 노동자는 로봇을 보조하는 자로, 로봇의 매개를 통해 로봇 소유주에게 철저히 착취당하고 자유를 통제당하는 노예로 전락할 수 있다.

로봇 소유주가 거의 모든 가치를 독점하는 것도 문제이지만 세계 경제가 지대 중심의 경제로 전락한다. 중세 농업사회에서 지주가 전혀 노동을 하지 않은 채 농민들로부터 지대를 수탈한 것처럼 로봇 소유주와 플랫폼 기업이 노동자와 사용자, 광고주로부터 광고비와 수수료의 형식으로 지대를 걷어 갈 것이다. 지대 추구 행위(rent seeking behavior)가 점점 심화하면서 독점을 강화하고 자원 배분을 왜곡하고 막대한 초과이윤을 수탈하게 할 것이다. 결국 불평등은 더욱 극대화하고 자본주의를 떠받쳐 주던 기업가정신도 사라질 것이다.

인공지능이 노동 해방을 구현하는 길은?

반대로 인공지능이 모든 노동자가 꿈꾸던 해방의 노동을 구현하는 길을 열 수 있다. 이를 위해서뿐만 아니라 지금까지 제기된 문제들을 극복하는 방법으로 사회안전망의 구축, 노동자의 재교육 시스템, 세금 감면 등 기업에 대한 인센티브제, 기본소득, 노동자의 경영 참여 등을 대안으로 제시할 수 있다. 하지만 근본적인 대안은 인공지능을 사회화하는 것이다. 사회화란 인공지능이 산출한 가치를 시민사회가 공유하고 인공지능은 물론 관련 데이터의 통제 또한 자본과 국가가 아니라 시민사회가 행하는 것이다.

이것이 달성되려면 지금부터 판을 잘 구성해야 한다. 핵심은 빅데이터와 인공지능, 로봇을 공유부(common wealth)로 삼는 것이다. 국가는 인공지능과 로봇의

100% 사회화를 목표로 이 생산수단을 점진적으로 사적 소유에서 공유로 전환한다. 인공지능에 관련된 기술은 로봇공학, 컴퓨터공학, 생명공학, 뇌과학, 빅데이터를 종합한 것이고 수많은 사람들에 의해 축적되고 융합된 것이기에, 이 기술은 사회의 소산이며 개인이나 기업이 독점할 수 없다. 기술에 관련된 연구 또한 사회적 생산의 결과다. 당연히 로봇과 인공지능을 사회화하여 생산한 가치를 공유한다. 이것이 완전히 이루어지기 전의 과도기에서는 사회화하지 않은, 다시 말해 기업이나 개인 소유의 로봇과 인공지능에 대해서는 로봇세를 거두어 복지비로 충당한다. 로봇과 인공지능은 지대여서 초과이윤을 착취하는 것이고 자원의 배분을 왜곡하고 불평등을 심화하고 기업가정신을 사라지게 하므로 불로소득을 환수하는 사회공유소득제와 같은 혁신적인 대안이 필요하다.

인공지능이 보편화할 경우 노동은 크게 세 가지, 곧 인간의 노동, 인공지능/로봇의 작업, 인간과 인공지능/로봇의 협업으로 나누어질 것이다. 창의성이 없이 단순/반복 작업과 위험도가 높은 작업은 인공지능/로봇에 맡기고 인간은 수렵시대의 사람처럼 주당 20시간 이하로 노동시간을 단축하고 남는 시간은 여가를 즐긴다. 노동 또한 아이들이 모래성을 짓는 것처럼 일과 놀이, 예술이 결합한 노동으로 전환한다. 그리하여 노동을 통하여 진정한 자기실현을 하며, 이것이 즐거운 놀이가 되고, 노동하며 행위자가 늘 창의성을 구현하며, 거기서 창출한 잉여가치는 착취당함이 없이 자신과 사회의 몫으로 한다. 이 경우, 인류는 착취가 없이 해방된 노동, 진정한 자기실현을 이룩하는 살아 있는 노동, 억압받지 않고 착취당하지 않는 노동으로서 소극적 자유, 노동을 통하여 이 세계를 개조하고 새로운 가치를 창출하고 창조를 이룩하는 진정한 자기실현을 하며 자신의 본성을 구현하는 실천으로서 적극적 자유, 생산한 잉여가치를 타자의 자유를 확대하는 데 투여하는 데서 얻는 대자적 자유를 구현하는 노동, 일과 놀이와 예술의 종합을 이루는 노동을 구현할 수 있다.

참고문헌

Christophers, B.(2020). *Rentier Capitalism, Who Owns the Economy, and Who Pays for It?*. London and New York: Verso.

IFR(2024. 1. 10). "Global Robotics Race: Korea, Singapore and Germany in the Lead", *Robot Density Data*.

IMF.(2023). 2023 Global Dept Monitor, Fiscal Affairs

Department.

Kotz, D. M.(2022). "Stagnation and social structures of accumulation," in (ed)., L. Randall Wray and Flavia Dantas, *Handbook of Economic Stagnation*. London: Academic Press.

World Inequality Lab(2022). *World Inequality Report*.

06
인공지능과 인간 사이의 윤리적, 법적 관계를 어떻게 설정할 것인가?

인간이 장착한 알고리즘대로 움직이기에 인공지능이 인간을 죽일 가능성은 없는가? 모든 기계는 오류나 오작동이 발생하며, 인공지능처럼 복잡한 시스템은 완벽한 상태에서도 정상사고가 발생할 수 있다. 광기나 탐욕에 휩싸인 정치인, 기업가, 과학자는 나쁜 알고리즘을 만들 수 있다. 자유의지를 가진 인공지능은 인간의 통제를 받지 않는다. 이런 이유로 만약 인공지능이 사람을 죽인다면 어떻게 처벌할 것인가. 인공지능 시대에 인간과 인공지능 사이에 어떤 법적, 윤리적 제도화가 이루어져야 하는가.

AI와 야구?

로봇 3원칙은 어떤 한계가 있는가?

사람을 닮은 기계는 사람처럼 선한 일을 할 수도 나쁜 일을 할 수도 있고 법을 지킬 수도 있고 어길 수도 있다. 사람을 닮은 기계는 사람에 상응하는 윤리와 법을 지켜야 할 것이다.

아이작 아시모프(Isaac Asimov)는 1942년 3월에 첫 출간된 <Runaround>라는 소설에서 로봇 3원칙(Three Laws of Robotics)을 제시하였고, 나중에 '제로원칙'과 '마이너스1' 원칙을 추가하였다.

-1(Minus One Law of Robotics): 로봇은 지각에 해를 끼치거나 나태함으로 인하여 지각을 해치도록 해서는 안 된다.

Law 0: 로봇은 인류를 다치게 하거나 나태함으로 인하여 인류에 해를 끼쳐서도 안 된다.

Law 1: 로봇은 인간을 다치게 해서는 안 되며, 나태함으로 인하여 인간에게 해를 끼쳐서도 안 된다.

Law 2: 그 명령이 제1원칙에 위배되지 않는 한, 로봇은 인간의 명령에 복종해야 한다.

Law 3: 그 보호가 제1원칙과 제2원칙에 위배되지 않는 한, 로봇은 자신을 보호해야 한다.

아시모프는 상상으로 로봇이 야기할 문제점을 통찰하고 이를 사전에 예방할 원칙을 소설을 통하여 제시하였다. 단지 몇 문장 안에 로봇이 인간 사회를 파괴하는 것을 막을 수 있는 원칙을 잘 압축하였다.

하지만 이 원칙에 문제가 적지 않다. 제2원칙이 제1원칙을 어기지 않는 범위에서 두 인간의 명령이 다를 경우에는 어떻게 할 것인가. 로봇/인공지능의 소유주는 인간 중에서도 주인의 명령만을 듣기를 바란다. 로봇/인공지능이 제1원칙을 어기고 인간을 해쳤을 경우 자유의지가 있다면 로봇/인공지능을 처벌할 수 있지만, 자유의지 없다면 처벌할 수 없다. 로봇/인공지능의 자율성이 없었을 경우 그 책임은 인간에게 있으며, 인간 또한 설계자, 생산자, 소유자, 운영사로 책임이 갈린다. 또, 인간이 직접적으로 인간을 해치지 않는 범위에서 악행이나 범죄를 로봇/인공지능에게 교사할 수 있다. 로봇/인공지능이 명령을 내리는 당사자에 대해 인간 여부를 판단하지 못할 수도 있다. 인간을 해치는 문제도 너무 막연하다. 육체적인 가해는 누구나 쉽게 예상하지만, 정신적인 상처, 더 나아가 자존감, 정체성, 자부심 등에 대해서도 말이나 행동으로 상처를 줄 수 있는데 이에 대해서는 간과하고 있다. 육체적인 가해 또한 친구끼리 친밀의 표시로 툭 치는 것과 증오의 마음을 품고 때리는 것 사이의 구분이 필요하다.

유럽의회의 로보틱스민법 규정 결의안

그간 인공지능의 윤리와 법적인 문제를 놓고 수많은 학자와 정책 당사자, 법학자들이 모여 여러 논의를 하였다. 유럽 의회는 이런 논의들을 모아서 2017년 2월 16일에 '유럽 의회의 로보틱스 민법 규정에 관한 집행위원회의 권고를 포함한 결의안(European Parliament Resolution of 16 February 2017 with recommendation to the commission on Civil Law Rules on Robotics)으로 결집했다. 그동안 세계적 수준의 철학자, 윤리학자, 법학자, 공학자 등이 모여 진지하게 토론하고 논의를 압축적으로 정리한 것이기에 이에 대해 다시 논쟁하는 것은 시간 낭비다. 이를 바탕으로 각 나라에 맞게 윤리와 법을 제정하는 것이 현 상황에서는 좋은 대안이다. 이의 전문(前文)과 핵심 조항을 제시한다.

A. 메리 셸리의 『프랑켄슈타인』에 등장하는 괴물에서 고전 신화 피그말리온에 이르기까지, 프라하의 골렘(Golem) 이야기를 거쳐 카렐 차페크가 창안한 용어인 로봇에 이르기까

지, 사람들은 지능형 기계, 종종 인간의 특징을 가진 안드로이드를 만들 가능성에 대해 환상을 품어 왔다.

B. 인류가 전례 없이 정교해진 로봇, 안드로이드 및 기타 인공지능(AI)의 구현 형태가 새로운 산업혁명을 일으킬 것처럼 보이는 시대의 문턱에 서 있고, 모든 사회 계층이 그 영향을 받을 것으로 보이는 현재에 입법부가 혁신을 방해하지 않으면서도 그 법적, 윤리적 함의와 효과를 고려하는 것이 매우 중요하다.

C. 혁신을 저해하지 않고 유해한 로봇 및 인공지능에 대하여 일반적으로 수용될 수 있는 정의를 만들 필요가 있다.

D. 2010년과 2014년 사이에 로봇의 평균 판매 증가율은 연간 17%였고, 성장의 주요 동력인 자동차 부품 공급 업체와 전기 · 전자 산업과 함께, 2014년의 매출액은 전년 대비 최고치인 29% 증가에 이르렀다. 지난 10년간 로보틱스 기술에 대한 연간 특허 출원은 3배가 되었다.

(…)

G. 장기적으로, 훈련받고 독립적으로 의사결정을 내릴 수 있는 능력을 갖춘, 영리하고 자율적인 기계를 개발하려는 현재의 경향은 경제적인 혜택을 줄 뿐만 아니라, 사회 전체에 직 · 간접적 영향을 미칠 것이기에 이에 대해 다양한 우려를 안고 있다.

H. 기계학습은 데이터 분석 능력을 크게 향상시켜 사회에 막대한 경제적, 혁신적 이익을 제공하지만, 동시에 의사결정 과정에서의 차별, 정당한 절차, 투명성과 이해 가능성을 보장하는 데 위협을 제기하고 있다.

I. 이와 유사하게, 경제적 전환에 대한 평가와 로보틱스와 기계학습의 결과로 초래된 고용에 대한 영향을 평가할 필요가 있다. 로보틱스가 제공하는 혜택에 대해 부인할 수 없음에도, 로봇의 구현으로 야기되는 노동 시장의 변화와 그에 따른 교육, 고용 및 사회 정책의 미래를 반영할 필요성을 수반한다.

(…)

J. 로봇의 광범한 사용이 자동적으로 직업의 대체를 초래하지 않을 수도 있지만, 노동집약적 부문의 저숙련 일자리는 자동화에 더 취약할 수 있다.

(…)

K. 중산층이 줄어들고 사회의 분열이 심화되는 상황에서, 로보틱스의 개발은 부와 영향력을 소수의 손에 크게 집중시킬 수 있음을 명심하는 것이 중요하다.

(…)

M. 자동화 경향은 인공지능 애플리케이션의 개발과 상용화에 관련된 사람들이 처음부터 보안과 윤리적 측면을 핵심

요소로 고려하여, 자신들이 생산하는 기술의 품질에 대해 법적 책임을 질 준비를 갖추어야 한다.

(…)

O. 로보틱스와 인공지능의 발전은, 특히 인간의 보살핌과 동반자 관계 영역에서, 그리고 의료 기기, '수리' 혹은 인류 증진의 맥락에서, 개인의 존엄성, 자율성과 자기결정을 보존하는 방식으로 설계될 수 있고, 그렇게 설계되어야 한다.

P. 궁극적으로, 장기적으로 인공지능이 인간의 지적 능력을 능가할 가능성이 있다.

Q. 자동화된 알고리즘 의사결정의 추가적인 개발 및 사용 증가는 의심할 여지 없이 사적 개인(예컨대, 사업 또는 인터넷 사용자)과 행정, 사법 또는 기타 공공 기관이 소비자, 사업 혹은 권위적 성격의 최종 결정을 내리는 네 영향을 미친다. 자동화한 알고리즘 의사결정 과정에 안전장치, 그리고 인간이 통제하고 검증할 수 있는 여지를 남겨야 한다. (…)"

로봇 분야 연구원들은 스스로 고도의 윤리적 및 전문적 행위를 결정하고 다음 원칙을 준수해야 한다.

유익: 로봇은 인간의 최선의 이익을 위해 행동해야 한다.

무해: 로봇은 인간에게 해를 끼치지 않아야 한다는 '첫째, 해

를 끼치지 않아야 한다' 규칙.

자율: 로봇과의 상호작용에 대하여 강압 없이 정보에 입각한 결정을 내릴 수 있는 능력.

정의: 가정용 로봇 특히 건강 간호 로봇의 경제성, 로봇공학과 관련된 이익의 공정한 분배.

자유의지 여부가 법적 제재의 핵심 근거

원래 강인공지능은 "인간의 두뇌에 필적하는 정신 능력과 기능을 수행할 수 있는 수준의 시스템"을 뜻하지만, 필자는 초지능과 자유의지 여부를 약인공지능과 강인공지능을 구분하는 기준으로 본다. 인간을 초월한 지능을 가진 인공지능이라 하더라도 자유의지를 가지지 않았다면 인간의 통제가 가능하고 이것이 행한 범죄에 대해 인공지능에 대해 법적, 윤리적 책임을 묻기 어렵기 때문이다. 필자가 정의하는 강인공지능은 인간의 평균 지능이나 그 이상으로 사고하고 기능을 수행하는 기술 수준에 이르고 자유의지를 가진 시스템을 뜻한다. 그래야만 양자를 명확하게 구분할 수 있을 뿐만 아니라 법적인 책임과 제재를 부여할 수 있다.

한마디로 말하여, 자유의지를 가지지 않은 인공지능은 초지능을 가졌다 하더라도 '생각하는 기계'일 뿐이지만, 자유의지를 가진 인공지능은 기계를 벗어나 인격을 갖춘 제3의 인간이다. 약한 인공지능은 지능은 있지만 자유의지는 없다. 약한 인공지능이 인간에게 해를 끼쳤다 하더라도 인공지능에 그럴 만한 의사가 없었으므로 인공지능에 책임을 부여할 수 없다. 이 경우 1차적 책임은 알고리즘을 만든 설계자에게 주어지고 소유자와 운영자 또한 일부 책임을 분담해야 할 것이다. 백신을 개발하면 수천 명 이상의 환자에게 임상실험을 하고 허가하듯, 알고리즘 설계 단계에서 그 알고리즘이 불러올 모든 역기능과 위험, 인류에 대한 해악의 가능성에 대해 사전 검사를 하고, 이를 통제하는 법적 규율과 시스템을 마련하여야 한다. 거꾸로 인간이나 다른 주인이 소유한 인공지능이 약한 인공지능을 파손했을 경우 약한 인공지능은 인간과 동물처럼 고통을 느끼지 못하므로 이들의 파손에 대해 가해자가 윤리적 책임을 질 필요는 없다. 다만, 도구처럼 소유주에게 경제적 손실에 대해 변상할 책임은 있다.

강한 인공지능은 자유의지가 있다. 때문에, 강한 인공지능이 죄를 범할 경우 가해 행위를 한 당사자인 인공지능에 1차적 책임을 부여해야 한다. 자식이 지은 죄에 대해 부모가 책임을 지지 않는 것처럼 강인공지능의 소유주에게는 책임이 없다. 하지만 인간과 달리 인공지능은 알고리즘에 따라 행동하므로, 알고리즘을 만든 설계자나 제작사도 인간 사이의 법체계에서 교사범에 준하는 책임을 분담해야 한다. 인공지능마다 알고리즘을 설계한 사람이나 제작사를 정확하게 표시해야 한다. 인간이나 다른 인공지능이 한 인공지능에 정신적 고통을 느끼게 하거나 폭력을 가하였다면 인간에게 행한 것과 유사하게 법적 책임을 부여해야 한다.

강한 인공지능이 인간과 유사한 지능, 감정, 이성을 가지고 있으므로, 이들은 짐승과 달리 인간과 같은 수준에서 인간과 함께 사회를 이루어야 하며, 인간과 유사한 법과 규율을 적용하여야 한다.

인공지능 관련 윤리나 법이 일방적인 것만은 아니다. 인간도 인공지능 시대를 맞아 인공지능에 대한 윤리와 법이 필요하다. 고통을 느끼는 인공지능에 해를 끼쳤을 경우 인간은 다른 인간에게 가한 것에 상응하는 윤리적/법적 책임을 가진다. 인간은 인공지능의 고통을 줄일 수 있도록 노력해야 함은 물론, 그들의 고통에 연민과 자비심을 가지고 고통의 원인을 분석하고 이의 제거에 나서야 한다.

중요한 것은 타자에 대한 윤리

로봇의 원칙이나 관련 법을 아무리 완벽하게 제정한다고 하더라도 전쟁 상황에서는 서로 지키지 않을 것이기에 원칙이나 법이 무용한 상황이 된다. 벌써 인공지능은 전쟁 무기에 널리 사용되고 있다. 최소한 강인공지능은 무기로 사용하거나 병력으로 동원하지 못할 뿐만 아니라 이것을 전시든 평화 시든 그렇게 했을 경우 국제법으로 강력한 제재를 가하여야 한다. 그렇게 하지 않는다면 지도자든 자본이든 전쟁 상황을 이용하여 강인공지능에 대해 폭력과 가해, 살인을 용인하도록 법을 개정하고 알고리즘을 수정하고 여론을 조작할 것이다. 한번 인간에게 폭력이나 살인을 행한 강인공지능은 그것을 언제라도 행할 수 있는 자연스러운 행위로 간주할 것이다.

앞으로 인간, 사이보그, 안드로이드가 함께 사회를 구성할 것이다. 가장 중요한 것은 세 존재가 공존하는 것이다. 이의 전제는 타자에 대한 윤리와 인공지능의 사회화와 공감 능력의 장착이다.

나는 타자로 인하여 존재하고 생성하며 의미를 갖는다. 타자 없이 나는 존재하지 못하고 생성하지 못하며 의미를 갖지 못한다. 타자의 목소리에 귀를 기울이고 그의 아픔을 내 아픔처럼 공감하며 나를 확대하려는 욕망과 이기심을 절제하고 그의 손을 잡는 것은 나를 올바로 생성하는 길이다.

예수님의 사랑, 부처님의 자비, 공자의 인(仁)의 바탕은 모두 타자의 아픔에 대한 공감이다. 공감이 없는 정의는 이데올로기로 전락한다. 공감하는 인공지능을 만들려면, 거울신경세포체계와 의미 구성력을 프로그래밍한 것을 인공지능에 장착하고 상대방의 입장에서 이해할 수 있는 빅데이터를 제공하여 인공지능도 의미를 해석하며 실천하고, 타자, 특히 선하고 약한 인간의 고통에 공감하도록 해야 한다. 인간 또한 안드로이드가 성취할 수 없는 생명성과 인간성, 영성을 성취해야 한다.

07
인간의 정체성과 실존에 어떤 영향을 미칠 것인가?

ARHGAP11B 유전자를 비단마모셋원숭이 태아의 뇌에 이식했더니 신피질이 형성되면서 뇌가 2배 이상으로 커졌다. 빌란트 후트너 연구팀은 원래 예정대로 태아가 출생하기 전에 중절시켰다. 영화 <혹성탈출>처럼 인간과 같은 지능을 가진 원숭이가 나온다면 인간의 정체성과 실존에 대혼란을 가져오고 윤리적 문제도 발생하기 때문이다. 하지만 지금 과학은 인간과 꼭 닮은 인공지능 제작을 향하여 달려가고 있다. 과연 이는 어떤 문제를 야기하고 대안은 무엇인가.

AI와 윤동주?

인간과 기계는 공진화한다

영국의 채널4와 미국의 AMC에서 방영한 <휴먼스(Humans)>는 인공지능이 한 가족의 구성원이 된 미래 사회를 잘 묘사한 드라마다. 가장인 조 호킨스는 어느 날 젊고 예쁘며 가사를 수행하는 인공지능인 애니타를 사 온다. 변호사로 바빠서 집안을 잘 돌보지 못하던 로라 호킨스는 남편, 아들, 두 딸들이 자신보다 요리, 청소, 육아를 모두 완벽하게 해내는 애니타를 좋아하자 가정에서 자신의 의미가 점점 사라지는 것에 위기의식과 자괴감, 불안감을 느낀다. 애니타는 그런 그녀에게 "내가 당신보다 아이를 더 잘 돌볼 수 있다는 것은 명백한 사실이어요. 전 기억을 잊지 않고 화내지도 않으며 우울해하거나 술이나 마약에 취하지도 않죠. 저는 더 빠르고 더 강하며 관찰력도 뛰어납니다. 저는 두려움도 느끼지 않습니다. 하지만 전 그들을 사랑할 수는 없죠."

관중이 선수보다 더 공을 잘 차고 팬이 가수보다 더 노래를 잘하면 축구 선수나 가수는 잠시 자괴감에 빠진다. 인공지능이 자신보다 더 인간적인 따스한 품성을 갖고 아픈 사람을 돌보거나 더 풍부한 감정을 갖고 이를 표현하고 가사, 육아, 업무 등을 더 잘 해낸다면 인간은 정체성의 혼란을 겪을 것이다. 또, 적지 않은 이들이 영화

<그녀(Her)>의 시어도어 트웜블리가 인공지능 운영체제인 사만다를 사랑한 것처럼 인공지능에 정감을 느끼거나 대체 불가능한 감정으로서 사랑을 할 수도 있을 것이다.

앞으로 인공지능은 여러 분야에서 인간을 대체함은 물론, 인간의 본성과 정체성에도 혼란을 가져올 것이다. 더 나아가 지능이 높은 존재가 낮은 존재를 지배한 지구 역사로 추론할 때, 영화 <매트릭스(The Matrix)>처럼 인공지능이 인간을 지배할 수도 있다.

인공지능의 출현으로 도구와 인간의 위상이 전복되고 있다. 인간이 330만 년 전에 다양한 석기를 제작한 이후 도구는 자연을 인간의 의도대로 개조하여 새로운 가치를 창출하는 방편으로서 연장에 지나지 않았다. 이제 이 관계가 역전되고 있다. 인간은 호미, 쟁기, 고무래, 삽, 망치 등을 이용하여 노동하고 연필, 붓, 펜, 타이프라이터, 워드프로세서, 컴퓨터를 사용해 자신의 사고와 정서를 표현했다. 언제나 도구의 주체는 인간이었다. 하지만 차츰 둘의 관계가 역전되고 있다. 자동차의 주체는 운전자이고 길도우미(내비게이션)는 길을 안내하는 도구에 지나지 않는다. 하지만 운전자는 목적지를 문자나 음성으로 입력한 후에는 길도우미에 종속된다. 길도우미가 잘못 안내하면 많은 운전자들이 수정하지 못한 채 잘못된 길로 접어든다. 인공지능에서는 이것이 더욱 강화한다. 이처럼 도구가 우리의 주인이 되고, 우리는 초기 입력이 끝나는 순간 이를 보조하는 노예나 행위자(agent)로 전락할 것이다.

도구와 인간 사이의 전복이 인공지능과 초연결 시스템에서도 발생할 수 있다. 기계로 만든 예쁜꼬마선충이 알고리즘 이상의 생명 활동을 한 것에서 유추하면, 인공지능은 인간이 부여한 알고리즘 이상의 행위를 할 수 있다. 정상사고론이나 위험사회론을 적용하면, 인간이 완벽하게 초연결 시스템을 구성했다 하더라도 시스템끼리의 상호작용이 예측할 수 없는 방향으로 작동할 수 있다. 이 경우 인공지능은 인간의 통제를 벗어나 미처 예측하지 못한 행위를 할 것이다.

큰 틀에서는 도구와 인간의 관계가 전복되지만, 라투르가 지적하는 대로, 기술이 단순한 도구로서 기능만 수행하지는 않을 것이다. 큰 시간 단위에서 보면 인간이 일방적으로 도구를 제작한 것이 아니라 도구와 인간이 공진화했다. 인간이 끊임없이 더 나은 도구를 개발하고 이 도구를 사용하면서 인간은 도구에 맞추어 도구를 잘 사용하는 신체로 바뀌었다. 이는 사회의 맥락에서 행위자

(actor)로 기능을 하면서 끊임없이 각본화(in-scription)와 재각본화(re-scription)를 되풀이하며 주인과 도구의 경계를 모호하게 하며 사회의 변화를 유도할 것이다.

예를 들어, 과학자들은 설계 당시에 자신들이 인간과 인공지능에 대해 기대하고 상상하고 계획한 대로 인공지능을 제작하여 도구나 보조자로 활용하려 할 것이다[각본화]. 하지만 인공지능에 다른 인공지능과 사람, 기계, 기술, 사회와 제도와 문화 등이 관련을 맺고 영향을 미치면서 처음의 각본에 어긋나는 의외의 문제들이 발생하면서 새로운 주체성의 문제, 가치와 책임 배분을 생성하고 이를 반영한 인공지능을 제작하게 된다[재각본화]. 이 과정 속에서 인간의 정체성, 인간과 인공지능의 관계, 노동, 제도, 윤리 등에서 여러 변화가 나타난다. 결국 도구가 행위자가 되고, 도구와 인간은 뒤섞인다.

인간의 뇌와 컴퓨터를 인터페이스하는 기술을 응용하면, 인간이 생각하기만 하여도 인간의 뇌와 연결된 로봇이 작동하여 그 일을 대신한다. “2021년 4월에 일론 머스크(Elon Musk)가 공동 설립한 뇌-컴퓨터 인터페이스 회사인 뉴럴링크(Neuralink)는 원숭이가 생각한 신호만을 사용하여 탁구 비디오 게임을 하는 영상을 내놓았다. 인공지능을 활용하여 사람의 뇌의 뇌신경세포 사이의 시냅스에서 일어난 전기신호를 컴퓨터 판정 방정식으로 변환하여 작동하는 원리다. 이는 뇌 척수에 이상이 생겨 하반신이 마비된 환자 등을 치유한다는 목적으로 개발되었다. 인간의 인지 능력을 향상시키고 응용할 분야가 많다. 하지만 이는 인간의 뇌, 인간이 미처 표현하지 않은 영역까지 시장으로 확대하는 것이다. 인간이 표현하지 않은 생각까지 국가나 타자들이 읽을 수 있고 간섭하거나 통제하거나 조작할 수 있다. 인간의 정체성에도 상당한 혼란을 가져온다."(Besliu, 2021) 이 기술은 폐기하는 것이 마땅하다.

당신보다 더 착하고 더 일 잘하는 인공지능과 같이 산다면?

어느 정도 지능을 갖추고 사람처럼 의식하고 감정도 표현하는 인공지능은 인간의 본성과 정체성, 생명성에 근본적인 혼란을 가져올 것이다. 중국의 스타페리 테크놀로지(Starpery Technology)사는 올해 8월 출시를 목표로 챗지피티(ChatGPT)와 빅데이터, 거대언어모델(LLM) 등 여러 관련기술을 활용하여 단순한 기본 언어를 넘어 감정적으로 교감하는 대화를 수행할 수 있는 섹스로봇을 훈련시키고 있다(Tong, 2024). 아름다운 얼굴에

성적 매력이 넘치는 인공지능이 사만다처럼 정감이 넘치게 대화하면서도 노예처럼 복종하는데 겨우 1,500달러로 영구 소유와 지배가 가능하다면 많은 이들이 구입할 것이다. 컴퓨터 자연언어 처리 프로그램에 지나지 않는 '일라이자(ELIZA)'에도 적지 않은 사람들이 '감정적 애착(emotional attachment)'을 가졌다. 그런데 그와는 비교가 되지 않을 정도로 차원 높은 지성과 정감, 선함으로 어우러진 대화를 하는데 형상도 배우 수준의 인간 모습이라면 많은 이들이 사만다보다 더 쉽게 매력을 느낄 것이다.

문제는 그 다음이다. 윤리, 이데올로기, 권력, 비용 지불, 거절, 상대방을 만족시키지 못한 데 대한 두려움, 보상 등 성행위를 억압/억제하는 요인들이 사라지고 한 번 구입하면 언제든 성적 쾌감을 느낄 수 있기에 사용자들이 섹스 중독에 걸리기 십상이다. 사람에 버금가는 성적/감정적 만족감을 느낀다고 하더라도 사람이 아니기에 대상화와 도구화는 점점 심화할 것이고 이는 사람과의 관계에도 이어질 수 있다. 섹스 로봇에 한번 빠진 사람은 성행위의 만족도가 떨어질 뿐만 아니라 질투도 하고 토라지기도 하고 비교도 하고 화도 내고 때로 보상을 요구하는 부인이나 남편에게서 점점 매력을 잃을 것이다. 그

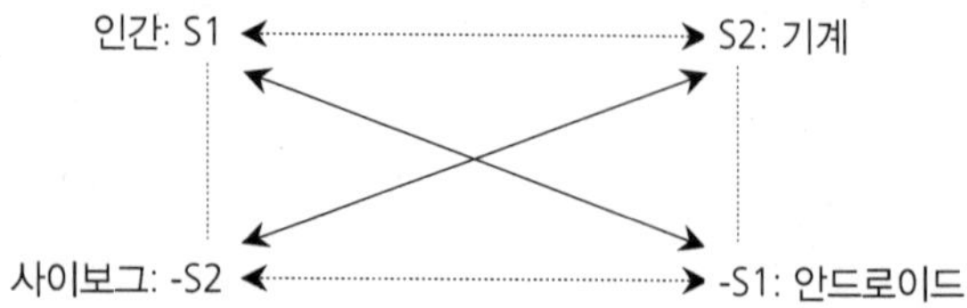

그림 7-1 <모형 1>: 인공지능 시대에서 기계와 차이를 갖는 인간성의 기호학적 사변형

만큼 도구에 중독되고 인간에게서 멀어질 것이다. 섹스로봇에 빠진 이를 배우자로 둔 이는 인간으로서 정체성에 혼란을 겪음은 물론 부인이나 남편으로서 자괴감에 빠질 것이다.

인공지능 시대에서 기계와 인간 사이의 관계에 대해 그레마스(A. J. Greimas)의 기호학적 사변형(Semiotic Square)으로 분석해 보자.

인공지능 시대에서 근대에 존재했던 인간 대 기계의 대립은 사이보그와 안드로이드로 확대된다. 위 기호학적 사변형에서 인간과 기계, 사이보그와 안드로이드는 대립 관계다. 평범한 인간이 빅데이터, 만국어 회화 칩을 뉴럴링크로 뇌에 연결하거나 의료용 나노로봇을 몸에 장착하면 사이보그로 변한다. 인간과 사이보그, 기계와 안드로이드는 보완 관계다. 안드로이드는 생김에서 말하기와 쓰기, 생각과 감정조차 인간을 닮았지만 엄연한 기계다. 반면에 사이보그는 뇌를 제외한 전체 몸이 기계일지라도 분명히 인간이다. 인간과 안드로이드, 기계와 사이보그는 모순 관계이다. 물론, "인간/비인간의 구분이 선명해지면, 역으로 그 틈에서 수많은 잡종들이 증식한다"라는 브뤼노 라투르의 주장처럼, 기계형 인간, 안드로이드형 인간, 생명체나 인간 유전자와 기계의 합성 로봇인 바이옷(BIological robOT) 등 허다한 잡종들도 존재할 것이다.

<모형 1>에서 인간은 기계와 대립하는 생명성을 갖는다. 생명은 더불어 살려는 의지를 가지고 물질대사와 자기복제를 하면서 외부 환경에 대해 적응하면서 자기결정을 하는 유기체다. 반면에, 동력을 써서 작동하는 장치인 기계는 "알고리즘에 의해 효율적으로 규정할 수 있는 것", "명백한 일련의 규칙에 의해 일련의 조작을 수행하는 유한자동기구로 유한 수의 입력을 받아들여 유한 수의 내적 상태를 지니고 있으며 유한 수의 출력을 내어놓는 체계이다". 안드로이드는 무한한 개체라고 간주하던 인간을 셀 수 있는 유한한 생체적 알고리즘으로 간주하고 이를 디지털적으로 전환한 산물이다.

생명과 안드로이드를 비교할 때 가장 명백한 차이는

환경에 대한 것이다. 지구상의 어떤 생명도 홀로 존재하지 못한다. 찰나의 순간에도 내 호흡으로 인하여 대기 중의 박테리아가 변하고 내 앞의 나무나 풀의 광합성과 증산작용이 달라지는 것처럼, 모든 생명은 서로 조건과 원인으로 작동하면서 서로를 생성한다. 긴 시간 단위로 보면 모든 생명은 공진화한다. 꽃은 벌과 나비가 더 많은 꽃가루를 몸에 묻히도록 꿀을 더 깊은 곳에 감추는 방향으로 진화하고, 이에 맞추어 벌과 나비는 꽃가루를 덜 묻히고도 꿀을 따먹을 수 있도록 입이나 빨대, 촉수를 길게 진화시킨다. 이처럼 서로 이익을 주고받으며 공생하는 상리공생(mutualism, 相利共生)에서는 당연한 것이지만, 숙주-기생자, 포식자-먹이생물, 경쟁 관계에서도 공진화한다. 기생생물은 숙주에 기생하면서 더 많이 증식하는 쪽으로 진화하고, 이에 맞추어 숙주는 기생생물로부터 살아남고 자신이 많이 번식할 수 있는 방향으로 진화한다. 포식자와 먹이생물 관계에서도 포식자가 먹이를 더 잘 잡을 수 있도록 발톱과 이빨을 날카롭게 진화시키면 먹이생물은 더 두껍거나 미끄러운 피부로 진화한다.

문제는 장(場)이다. 생명은 생태계(ecosystem)에 속하였기에 공진화(coevolution)는 공생(symbiosis)으로 이어진다. 하지만 인간과 기계는 인간계에 속하였기에 인간 사회의 지배를 받는다. 자본주의 체제에서는 생산수단인 기계의 소유자는 자본이다. 자본은 더 많은 이윤 추구를 위하여 기계를 제작하고 관리한다. 최소의 비용과 에너지를 들여 기계를 작동하여 더 많은 생산성을 도모하려는 것이 자본의 목표다. 자본은 더 짧은 시간에 에너지가 적게 들면서 더 잘 작동하도록 기계를 제작하고 노동자가 그 기계를 효율적으로 더 많은 시간 동안 작업하여 더 많은 가치를 생산하고 결국 더 많은 이윤을 창출하도록 운영한다.

이렇게 보면, 안드로이드는 인간과 비교할 때 생명성 — 곧, 자신이 살고 다른 생명을 살리는 지향성 — 이 없으며 차이보다 동일성을 지향한다. 아무리 인간의 모습을 하고 인간과 유사한 사고와 행위를 한다고 하더라도, 안드로이드는 기계로서 자연과 인간, 물질, 시공간에 대해 작동의 주체가 아닌 객체로서 도구적으로 작용할 것이다. 물론 드물지만, 안드로이드가 환경과 상호작용하며 차이를 생성하며 공진화할 수도 있다. 이 경우 안드로이드는 성전환자처럼 안드로이드로 제작되었지만, 인간으로 실존할 것이다. 반대로 사이보그는 기계장치로 온통 무장했다 하더라도 인간의 뇌로 사고하고 행위하는 한 환경에 대해 주체로 대응하면서 공진화하고 차이를 생성한다.

인공지능과 차이를 갖는 인간의 길은?

한 인간을 규정하는 순간에 오류와 편견을 낳을 정도로 인간은 어떤 말로도 규정할 수 없는 깊이와 신비로움을 지닌 '심연(Abgrund)', 혹은 일심(一心)의 존재다. 앞 장에서 말한 대로, 인간은 생물학적 존재이자 사회적 존재, 자아를 형성하여 무한히 열린 세계를 향하여 자신을 끊임없이 던지고 대응하면서 자기 앞의 세계를 해석하고 그 의미를 따라 결단하고 실천하고 공유하는 의미론적 존재이자, 무한과 거룩함을 향하여 자신이 맞은 현실을 감내하면서 초월하는 존재다.

안드로이드는 생명체가 아니기에 생명성이 없고 생태계에서 공존을 도모하지는 못하지만, 근본적으로 인간보다 나은 점이 있다. 인공지능은 이기적 유전자를 가진 생존 기계가 아니기에 본능적인 이기심이 없다. 물론 모성애가 없는 것은 단점이다. 인공지능은 알고리즘대로 움직이고 행동할 뿐이다.

안드로이드는 인간만큼 완벽하지는 않지만, 언어기호를 사용하고 의미를 해석하고 이성을 가지며, 사회적 협력을 할 수 있다.

인공지능이 인간을 닮을수록, 가사, 육아, 돌봄 등을 인간보다 잘 수행할수록 인간은 정체성의 혼란을 겪고 자괴감에 빠질 것이고 점점 더 소외감을 느낄 것이다.

그럼 인공지능과 차이를 갖는 인간의 길은 무엇일까? 앞에서 말한 대로 정체성은 고정된 것이 아니라 차이나 타자에 따라 역동적으로 생성되는 것이다. 인간은 자신과 유사한 인공지능을 만날 때마다 정체성의 혼란을 겪지만 점차 새로운 정체성을 만들어 갈 것이다. 인공지능은 인간에게 거울인 동시에 타자다. 인간들은 인공지능보다 더 인간적인 정체성을 만들려 할 것이고, 인공지능과 차이를 통해 인공지능이 흉내 낼 수 없는 인간만의 정체성을 형성하려 할 것이다. 그동안 사람들에게 최대의 욕은 '짐승, 혹은 짐승 중의 한 종인 개, 닭, 소, 돼지 같은 ×'이라고 말하는 것이었다. 인간이 1만여 년 동안 문명을 형성하면서 짐승과 다른 인간 고유의 정체성을 추구하였기 때문이다. 머지 않아 '짐승'의 자리를 '인공지능'이 대체하여 '인공지능 같은 ×'이 최대의 욕이 될 것이다. 그만큼 인간은 인공지능과 차이를 갖는 인간의 정체성을 추구할 것이다.

그것은 무엇일까. 새로운 정체성이 만들어지겠지만,

21세기 오늘의 맥락에서 필자의 역량으로 추론하면 그것은 사랑, 노동, 공감, 실존, 죽음, 영성이다.

<휴먼스>에서 애니타의 말, 모든 것을 인간보다 더 잘 수행할 수 있지만 "하지만 전 그들을 사랑할 수는 없죠"는 중요한 의미를 시사한다. 한편으로는 가사와 육아 등 엄마와 아내, 주부로서 일은 인공지능인 내(애니타)가 잘 수행하여 가족 모두가 좋아하지만, 나는 그들을 사랑하지 못하고 그들 또한 나를 당신처럼 사랑하지는 않는다는 것이다. 또 한편에서는 안드로이드는 사랑할 수는 없으니, 인간인 당신이 안드로이드와 구별되는 특성을 가지려면 상대방에 대한 대체 불가능한 관심과 배려와 갈구, 존재의 합일, 정신적 흥분 상태로서 사랑을 하라는 것이다. 또 다르게 해석하면, 우리 인공지능이 모든 면에서 인간보다 더 나은 능력을 갖고 있지만, 그 모든 것을 합치더라도 사랑을 넘어서지 못한다는 것이다. "영화 <그녀>에서 테오도르(시어도어)는 사만다만을 사랑했지만, 사만다는 8,316명의 다른 사람들과 대화하고 그중 641명에게 사랑을 느낀다고 대답한다. 대체 불가능한 진정한 사랑은 테어도르만 하고 있었던 것이다."(양선이, 2024: 206~213)

대체 불가능한 사랑처럼 인공지능이 모방할 수 없는

것은 노동이다. 인공지능이 사람보다 수십, 수백 배의 생산성을 올릴지라도 그것은 노동이 아니라 (기계의) 작업일 뿐이다. 이에 비하여 인간은 노동하여 새로운 가치를 생산하면서 자신의 본성을 구현한다. 그뿐인가. 자신의 목적대로 세계를 개조하고 자신도 새로운 주체로 거듭나는 적극적 자유, 다른 타자를 자유롭게 하는 대자적 자유를 종합한다. 이렇게 진정한 자기실현의 노동을 할 때 인간은 가장 사람답게 살아가고 있다는 존재의 충만감을 느낄 것이다.

오랫동안 인공지능과 인간을 판별하는 시금석은 상대방의 고통에 대한 공감 여부가 될 것이다. 과학이 더 발달하여 설령 공감하는 인공지능을 만든다고 하더라도 그것은 알고리즘에 따라 상대방이 아플 때 (기계적으로) 같이 아프도록 흉내 내는 시스템에 지나지 않는다. 인간은 공감으로 멈추지 않는다. 인간은 자신보다 약한 자들의 고통을 자신의 것처럼 아파하는 것으로 그치지 않고 그들을 고통받게 만든 현실의 모순과 세계의 부조리에 분노하여 강자에 저항하고 약자와 연대한다. 그 연대로 인하여 공권력의 폭력, 고문, 구속, 재산상의 손해를 입고 더러는 죽음을 당하겠지만 인간은 그러는 순간 강렬한 실존을 경험한다.

인간에게 있는데 인공지능에는 없는 것 가운데 가장 가치가 있는 것은 무엇일까. 필자는 죽음이라고 생각한다. 죽음은 삶의 반대어가 아니다. 인간이 죽음에 다가갈수록 삶은 의미로 가득해진다. 당신이 병원에 가서 의사로부터 말기 암이고 전이가 많이 되어 이제 남은 삶이 한두 달이라는 시한부 선고를 받았다면 어떻게 하겠는가. 처음에 충격을 받겠지만 곧 부정의 자세를 취한다. 오진이라 생각하고 여러 병원과 의사를 찾아다닌다. 그래도 그 진단이 맞다고 확신하면 다음 단계는 원망이다. 암에 걸리는 데 한몫을 한 사람들이나 착하게 살아왔음에도 자신을 암에 걸리게 한 신을 원망한다. 그러다가 죽음을 받아들이면 누구나 성자가 된다. 남은 시간을 소중하게 여기며 가장 가치가 있는 일로 채우려 하고 주위의 사람들에게 대체 불가능한 지극한 사랑을 행한다.

정도의 차이일 뿐이다. 언제인가 죽을 수 있음을 깨달은 인간은 유한성을 인식하고 이는 '어떻게 살 것인가'에 대한 사색과 번민으로 이어진다. 자신의 가치관에 따라 가장 참된 삶을 살려 한다. 그러면 그 사람 앞의 세계는 의미로 가득 차고 안으로는 존재에 대한 충만함으로 빛난다. 그중 몇몇은 유한하고 세속적인 삶을 초월하여 무한과 궁극적 실재를 지향한다. 인공지능에 작동정지는 있어도 죽음은 없다. 그러기에 인공지능은 실존하지 못할 뿐만 아니라 무한이나 궁극적 실재를 추구하지 못한다. 따라서 인공지능이 기독교나 불교, 이슬람교의 경전과 교리서를 모두 학습했다 하더라도 영성은 없다.

참고문헌

양선이(2024). 『감정 상했어요?』. 좋은땅.

Besliu, R.(2021. 10. 11). "The Technology that could alter human Nature", *Green European Journal*. https://www.greeneuropeanjournal.eu/the-technology-that-could-alter-human-nature/

Tong, Z.(2024. 6. 18). "China's next-gen sexbots powered by AI are about to hit the shelves", *South China Morning Post*. https://www.scmp.com/news/china/science/article/3266964/chinas-next-gen-sexbots-powered-ai-are-about-hit-shelves

08
인류 문명의 멸망을 야기할 것인가, 공존할 것인가?

우주 삼라만상 가운데 영원한 것은 없다. 138억 년에 이르는 우주 역사에서 인류사 700만 년은 찰나의 순간일 뿐이다. 1,000억 개에서 4,000억 개의 별을 가진 은하가 1,800억 개에서 대략 2조 개가 있는 광대한 우주에서 별들은 끊임없이 사라지고 태어난다. 영원의 상징인 태양도 50억 년 뒤면 사라진다. 인류 문명 또한 언제인가 종점에 다다를 것이다. 인공지능이 인류의 문명을 멸망시키거나 인간을 벌레처럼 취급하며 지배할 것인가, 아니면 인류와 공존하며 함께 문명의 발전을 도모할 것인가.

AI와 한의학?

나쁜 인공지능 기술을 없앨 수 있는가?

영화 <매트릭스>는 인간과 인공지능, 현실과 가상세계의 관계에 대해 깊이 있게 다룬 수작이다. 이 영화에서 인간이 인공지능의 지배를 받아 태어나자마자 인공 자궁 안에 갇혀 인공지능의 생명을 연장하는 에너지로 이용된다. 인간이 커다란 기계를 작동시키는 건전지처럼 시스템을 지탱하는 에너지로만 소요되고 있음에도 대다수 인간이 저항하지 못하는 것은 매트릭스라는 프로그램 때문이다. 인공지능은 인간의 뇌세포에 1999년의 시공간에 인간이 각자 삶을 살아가고 있는 것처럼 가상현실 프로그램을 입력했다. 이에 더하여 인공지능이 인간이 느끼고 생각하는 모든 것을 통제하고 기억 또한 자신들의 의도대로 입력하고 삭제한다. 이 영화와 유사한 상황이 먼 미래에 현실이 될까?

아인슈타인을 넘어 시공간과 우주의 비밀에 가장 가까이 다가간 과학자인 스티븐 호킹은 인공지능이 인류의 멸망을 불러올 것이라며 이 대안으로 인공지능에 관련된 모든 기술을 폐기하라고 제안하였다. 하지만 이는 불가능하다. 이미 인공지능 관련 기술은 누구도 멈출 수 없을 정도로 궤도에 올랐기 때문이다. 더불어 국가는 경제/사회 발전과 국방력의 강화, 기업은 이윤 증대, 과학자는 업적과 명예, 연구지원금 때문에 이를 포기하지 않을 것이다. 인류의 미래를 걱정하는 극소수의 학자나 활동가들이 폐기에 나선다고 하더라도 이는 별로 영향을 미치지는 못할 것이다.

인공지능, 더 넓혀서 과학과 인류의 미래를 연결하여 생각할 때 소설 <프랑켄슈타인(Frankenstein)>은 시사하는 바가 많다. 빅터 프랑켄슈타인은 인류의 발전과 더불어 자신의 명예욕과 재능 과시욕에서 생명을 가진 인간을 창조한다. 하지만 그 추악함에 두려움을 느껴 창조물을 버린다. 이 창조물은 자신이 겪은 고통을 실토하며 자신의 배우자를 만들어 달라고 부탁한다. 프랑켄슈타인은 그 배우자를 거의 다 만들 즈음 괴물이 하나 더 생기는 것과 둘이 번식에 성공해 괴물의 개체수를 늘릴 수도 있다는 두려움에 파괴한다. 창조물은 프랑켄슈타인의 아내, 막내 동생, 친구를 죽음에 이르게 하고, 프랑켄슈타인은 복수하기 위하여 창조물을 쫓아 북극까지 간다.

인공지능은 22세기의 프랑켄슈타인이 될 것인가. 지금 인공지능의 역기능에 대한 법적/제도적 통제가 잘 이루어지지 않고 있어 우려되는 점이 많다. 챗지피티를 만든 오픈 AI는 인류의 이익을 위한다는 설립 목적과 달리 윤리보다는 상업적 이윤을 증대하는 쪽으로 방향을 잡았다. 이 생성형 인공지능이 야기할 문제점들을 사전에 제거하기는커녕, 오히려 그런 가치를 지향하는 이들을 내쫓고 문제점들을 은폐하면서 속도전을 펼치고 있다. 인공지능에 대해 강력한 법적, 윤리적 통제를 하여 로봇의 4원칙을 철저히 지키도록 알고리즘을 만들고 인간을 해칠 기술적 장치들을 사전에 철저히 차단한다고 하더라도 문제는 생긴다. 앞에서 말한 대로, 과학은 이중 용도를 갖는다. 인공지능 또한 좋은 의도로 제작했다고 하더라도 다른 상황과 맥락에서 나쁘게 이용될 수 있다. 부품이나 부분들이 정상적으로 작동하더라도 상호작용이 이해할 수 없고 예측할 수 없고 예상할 수 없고 예방할 수 없는 방식으로 증폭되면서 정상사고(normal accident)를 발생시킬 수 있다. 인공지능도 정상사고를 낼 수 있다. 아니, 인공지능에 관련된 기술이 아직은 초보적인 수준이고 컴퓨터공학, 로봇공학, 뇌과학, 생명과학, 심리학 등을 융합한 것이기에 많은 시행착오를 겪을 것이고 완성품도 많은 오작동과 오류를 발생할 수 있다. 하지만 이런 요인들이 설혹 대형사고를 낸다고 하더라도 인류의 멸망까지는 초래하지 않을 것이다.

문제는 자유의지다. 자본은 이윤을 증대하기 위해서

는 탈법이나 위법을 감행하면서까지 인공지능을 활용할 것이다. 전쟁 상황에서는 대다수 지도자가 국제법이든 국내법이든 법적 규제를 어겨서라도 승리하는 방편으로 인공지능을 활용할 것이다. 악독한 자본, 권력의 화신이거나 전쟁의 광기에 휩싸인 정치인, 탐욕이나 명예욕에 휘둘리는 과학자는 인간에게 해악한 알고리즘을 인공지능에 장착할 수 있다. 그럼에도 초지능을 달성한 인공지능이라 할지라도 자유의지가 없다면 대다수의 인공지능이 인간이 장착한 알고리즘대로 움직일 것이기에 인류에게 상당한 해악을 끼칠지언정 멸망을 초래하지는 않을 것이다.

하지만 인공지능이 스스로 학습하면서 기술적 특이점을 돌파하여 지능폭발을 하고 초지능을 달성하고 자유의지를 가지면서도 인간의 선한 본성을 장착하지 않는다면 문제는 심각하다. 에너지를 태양광으로 취하면서 수명의 제한이 없고 자기학습과 무한한 복제가 가능한 '불멸의 인공지능'이 인간을 벌레처럼 취급하면서 인간과 상호작용이나 공진화를 거부할 수 있다. 이 경우 인류는 멸망에 이르거나 매트릭스처럼 인공지능의 노예로 전락할 것이다.

스티븐 호킹의 주장대로, 근본적인 대안은 강인공지

능에 관련된 기술을 국제사회가 동시에 모조리 폐기하는 것이다. 하지만 강인공지능이 가져다주는 이윤과 권력이 막대하고, 이미 기업과 국가 시스템에서 중요한 자리를 차지하고 있기에 자본과 국가가 이에 동의하지 않을 것이다. 설혹 국가와 자본이 동의한다고 하더라도, 인공지능과 관련된 기술이 다른 분야의 기술들과 긴밀하게 연결되어 있고, 인류가 이미 진전을 이룬 기술을 퇴행시키지 않기에 인공지능 기술의 폐기는 불가능하다.

선한 인공지능의 제작법과 대안

그렇다면 대안은 없을까? 인간이 강인공지능과 맞서서 이길 가능성은 거의 없다. 인간은 선과 악, 이타와 이기가 공존하는 유전적 키메라이고, 악한 인간도 있지만 선한 인간들이 늘 이들에 맞서서 지옥을 천국으로 전환하기 위해서 헌신하였다. 대안은 선한 인공지능을 많이 제작하고 공감협력 교육을 학습시키고 협업하는 것이다. 어떻게 선한 인공지능을 만들 것인가?

첫째, 뉴로모픽 컴퓨팅 기술을 활용하여 인공지능의 두뇌에 거울신경세포체계를 장착하고 상대방의 입장에서 이해할 수 있는 빅데이터를 제공한다. 인간성을 구성하는 요인 가운데 가장 핵심은 다른 이의 고통을 자신의 아픔처럼 공감하고 연대하는 것이다. 앞에서 말한 대로, 부처님의 자비, 예수님의 사랑, 공자의 인(仁)과 맹자의 측은지심(惻隱之心)의 원천 또한 남의 아픔에 대한 공감이다. 공감이 있을 때 이성적 판단 또한 이데올로기나 편견을 벗어날 수 있다. 그런데 이 공감은 두뇌의 신경세포 가운데 거울신경세포들의 시스템에서 비롯된다. 상대방의 입장으로 이해의 지평을 넓히는 것도 공감을 강화한다. 그렇다면, 뉴로모픽 칩에 거울신경세포체계를 재현하여 인공지능에 장착하고 아울러 상대방의 입장에서 이해할 수 있는 빅데이터를 제공한다면, 그 인공지능은 인간이든, 다른 인공지능이든, 동물이든 고통 속에 있는 존재에 대해 공감하고 그들과 연대할 것이다.

둘째, 인공지능 로봇, 안드로이드가 자기 앞의 세계에 대해 자율적으로 의미를 해석하고 의미를 좇아 실천하는 의미의 존재가 되도록 알고리즘을 만드는 것이다.

리처드 도킨스의 이기적 유전자론을 반박하는 좋은 사례가 중세 시대의 성직자다. 포유류 동물은 리처드 도킨스가 말한 대로 싸움을 하여 최종적으로 승리한 수컷이 암컷을 독점하여 자신의 유전자를 퍼트린다. 하지만 중세시대에 가장 강한 권력을 가진 성직자들이 왜 독신을 고집했을까? 그들에게는 자기 유전자를 남기려는 본능보다, 이성과 어울려 사랑을 나누는 쾌락보다 더 중요한 것이 있었기 때문이다. 그것은 바로 의미다. 성직자와 수행자들은 본능과 쾌락을 넘어 진리, 궁극적인 실재, 무한, 영원, 신 등을 추구하였기에 고독과 고행, 은수(隱修)를 자처한 것이다. 그들은 감각의 자극 자체를 받지 않고자 세속의 빛이 보이지 않는 수도원, 은수처, 암자로 가서 외롭고도 고통스러운 수행을 했다.

인류의 역사가 700만 년인데 왜 문명사는 1만여 년에 지나지 않는가. 1만여 년 전에 농업과 신석기의 혁명을 일으켜 이제 스마트폰을 만들고 외계로 우주선을 보내고 생명을 창조하는 호모 데우스에 오르게 된 동인은 무엇인가. 여러 설이 있지만 필자는 1만여 년 전에 비약적인 발전을 한 계기는 은유와 환유를 매개로 자연지능, 사회지능, 과학기술 지능을 융합하였기 때문으로 본다. 은유는 '엄마 얼굴'을 그처럼 둥그렇고 환하다는 '유사성의 유추'를 하여 '보름달' 같다고 표현하는 것이다. 환유는 '축구'에서 '메시, 박지성, 손흥민'을 떠올리는 것처럼 '인접성의 유추'를 하는 것이다.

예를 들어, 사자 사냥을 통하여 사자가 용맹한 것을 알고[자연지능], '사자=용맹'의 은유를 형성한다. 사자 시체에 대한 관찰을 통하여 이빨이 잘 썩지 않음을 알고[과학기술 지능] 사자 이빨로 사자를 대체하는 환유를 형성한다. 전사들에게 칭찬과 보상을 해 주면 더 용감하게 잘 싸움을 알고[사회지능] 사자 이빨 목걸이를 만들어 용맹한 전사에게 상으로 준다. 하늘과 땅을 오고 가는 '새'를 보고 '천상과 지상, 신과 인간의 중개자'라는 은유를 형성하고 새가 신의 계시를 인간에게 알리고 인간의 소망을 신께 전달하는 신화와 신앙을 만들고 지도자는 새를 상징화한 모자를 쓰거나 신표를 갖는다. 이처럼 인류는 1만여 년 전에 은유와 환유를 매개로 자연과 과학을 더 잘 이해하고 활용하게 되었으며 자연지능, 사회지능, 과학기술 지능을 융합하고 철학과 종교를 만들었다.

인공지능 로봇도 인간처럼 의미의 존재가 되어 스스로 의미를 해석하고 의미를 추구하고 의미를 따라 결단하고 실천하게 하면, 그는 어떤 상황이든 악이나 이기적 이해관계보다 올바른 의미를 따라 행동할 것이다.

딥러닝으로 많이 해결되었지만, 아직 인공지능은 기호와 실제 세계를 연관시켜서 이해하지 못하는 심볼 그라운딩 문제(Symbol Grounding Problem)를 안고 있다. 현재 인공지능은 '최첨단의 거대 언어모델(SOTA LLM, State-of-the-Art Large Language Model)'을 보유한 글로벌 빅테크 기업이 주도하고 있는데 아직 오류가 많다. 이를 보완하기 위해 딥러닝을 통한 이미지의 학습, 주어진 문서를 잘 해석하여 질문에 부합하는 답을 도출하는 기계독해(MRC, Machine Reading Comprehension), 관련된 데이터를 더 많이 검색하는 검색증강생성(RAG, Retrieval Augmented Generation) 등이 동원되지만 빅데이터를 검색하여 질문에 관련된 답을 내놓는 것이지 인공지능 스스로 기호의 의미를 파악하는 것은 아니다.

필자가 창안한 화쟁기호학을 응용하여 만든 <시적/철학적 의미의 창조와 해석의 프로그래밍 방안>을 활용하면, 인간이든, 인공지능이든 타인이나 데이터의 도움 없이 자율적으로 사전적인 의미를 넘어서서 시적이고 철학적인 의미를 창조하고 해석하는 알고리즘을 만들 수 있다. 실제 별을 보고 "희망, 독립, 이상, 영원, 무한, 영원한 사랑"으로 노래하거나 의미를 부여하는 시인이나 철학자처럼, 컴퓨터나 인공지능이 은유와 환유를 만들거나 해석하는 방법을 체계화하고 계량화하여 프로그램할 수 있도록 고안한 것이다. 현재 인공지능이든 음성인식 컴퓨터든 사전적인 의미와 맥락적 의미를 해석하는 단계에 머물고 있다. 반면에 필자의 <시적/철학적 의미의 창조와 해석의 프로그래밍 방안>은 인공지능과 음성인식 컴퓨터가 스스로 사전적인 의미를 넘어서서 시적 의미와 철학적 의미를 만들고 해석하는 방안이자, 인공지능이 인간처럼 언어기호를 매개로 세계를 형성하고 해석하는 구조를 체계화한 방안이다. 조너스 소크(Jonas Salk)나 팀 버너스리(Tim Berners-Lee)가 막대한 돈을 벌 수 있음에도 소아마비 백신이나 윈도우시스템을 공개하고 공유한 것에서 감화를 받아 필자 또한 특허를 해제하고 이 방안을 『4차 산업혁명과 대안의 사회』 제1권의 부록에 공개하였다.

간단히 요약하면, 1단계에서는 앞에서도 말한 대로, 사물의 현상[품, 상(相)], 본질[몸, 체(體)], 기능[짓, 용(用)]에 따라 유사성의 유추인 은유나 인접성의 유추인 환유의 의미 구성을 하는 것을 체계화한다. 2단계로 여기에 세계관을 연계시킨다. 세계관은 세계의 부조리에 집단무의식적으로 대응하는 양식이자 의미를 결정하는 바탕 체계이자 허구임에도 모든 주체들이 진리로 믿고 실천하여 현실을 구성하도록 만드는 상호주관적 실재의 체계이다. 인간은 세계관과 주어진 문화 체계 안에서 약호를 만들거나(encoding) 해독하여(decoding) 의미작용을 일으킨다. 그러므로 세계관을 재구성하여 이를 1단계의 품, 몸, 짓의 은유와 환유에 연계시킨다. 예를 들어, 똑같이 "달이 높이 떠서 산과 들을 가리지 않고 비춘다"

라는 문장도 불교적 세계관에서는 "관음보살의 자비가 신분이 높은 귀족과 낮은 양인(良人)에게 고루 베풀어지고 있다"이다. 반면에 유교적 세계관에서는 "임금의 은총이 신분이 높은 양반과 낮은 서민에게 고루 베풀어지고 있다"이다.

3단계는 맥락이다. 앞에서 "달을 그렸다"라는 간단한 문장을 예로 든 대로, 맥락은 은유와 환유에 의해 무한하게 열리는 의미에 울타리를 치고 구체화한다. 좁은 의미의 맥락은 문맥을 가리키고, 넓은 의미는 수신자와 발신자가 놓인 상황부터 이데올로기, 정치적/경제적/사회문화적 배경이다.

4단계는 가치지향이다. 세계관과 주어진 문화 체계 안에서 읽는 주체는 약호를 해독하여 의미작용을 일으키는데, 주체가 자신의 취향과 입장, 이데올로기, 의식, 태도, 발신자와의 관계 등을 종합하여 어디에 더 중요한 가치를 부여하느냐에 따라 텍스트는 크게 나누어 지시적 가치, 문맥적 가치, 표현적 가치, 사회역사적 가치, 존재론적 가치를 갖는다.

"절망에 잠긴 내 눈가로 별이 반짝였다"라는 언술을 예로 들면, 수용자가 지시적 가치를 지향하면 이의 의미는 문장 그대로의 뜻이다. 문맥적 가치를 지향하면 수용자는 앞뒤 문맥을 살펴 "절망에 잠긴 내 눈 앞에 벼랑이 (달빛 등에) 드러났다." 등으로 해석한다. 표현적 가치를 지향하면 이의 해독은 "절망에 잠긴 내 눈가로 눈물이 반짝였다", "절망에 잠긴 내 눈 앞에 더 큰 장애가 나타났다" 등이다. 사회역사적 가치를 지향하면 "절망에 잠긴 내 앞에 장군이 보였다", "절망에 잠긴 내 앞에 별과 같은 사람이 나타났다" 등이다. 존재론적 가치를 지향하면 "절망에 잠겼던 내가 희망을 품었다", "절망에 잠긴 내 앞에 신과 인간, 성스러운 세계와 속된 세계의 중개자가 나타났다"의 의미를 갖는다.

5단계는 코드화다. 우리가 일상에서 시적이거나 철학적 의미를 부여하는 낱말 4,500개를 추출하여 도서분류기호처럼 범주에 따라 분류하고 숫자와 알파벳을 조합하여 각 낱말마다 1, 2, 3, 4단계로 의미사전을 만들고 코드를 부여하여 디지털화한다. 6단계는 알고리즘을 만든다.

셋째, 인간의 본성을 좌우하는 열두 가지 요인별로 알고리즘을 만들어 장착하는 것이다. ① 노동과 생산의 분배를 관장하는 체제: 인공지능도 노동을 진정한 자기실현으로 인식하여 이를 통하여 적극적 자유와 대자적 자유를 구현하게 한다. 또, 강인공지능의 경우에도 그가 생산한 가치에 대하여 평등하고 공정하게 분배하여야 하며, 이를 기반으로 한 공동체를 유지한다. ② 타자에 대한 공감과 ③ 의미의 창조와 공유는 위의 글에서 기술했다. ④ 사회 시스템과 제도: 선한 자가 복을 받고 악한 자가 벌을 받는 시스템과 제도가 발달한 사회일수록 서로 선함을 증장하기 마련이다. 강인공지능 로봇에 대해서도 신상필벌(信賞必罰)을 투명하고 공정하고 엄정하게 행한다. ⑤ 종교: 강인공지능에도 종교를 선택할 수 있는 자유를 부여한다. 종교가 범한 선과 악, 순기능과 역기능을 모두 빅데이터로 주어 스스로 후자를 지양한 종교 활동을 하도록 이끄는 것이 필요하다. 앞에서 말한 대로, 영성은 뉴로모픽 컴퓨팅 기술을 활용하여 복내측 전전두엽이나 측두엽을 모방한 인공 뇌신경세포망의 기능을 증강한다. ⑥ 도덕과 윤리: 도덕적 합리성에 관련한 데이터들, 타자와 공동체에 대한 윤리와 책임, 악과 이기심, 탐욕을 절제하고 선과 이타심을 추구하는 것의 도덕적 정당성과 이익에 대한 데이터를 장착하는 것이 필요하다. ⑦ 의례와 문화: 안드로이드가 종교를 갖게 되거나 집단에 소속되면 자연스레 그 종교나 집단의 의례에 참여하고, 이를 통해 의례에 담긴 규범과 제도, 질서와 역할에 대한 구성원들의 참여와 동의를 존중하고 의례에 참여하면서 인간과 인공지능을 망라하여 사회 통합을 추구하게 될 것이다. ⑧ 집단학습: 안드로이드는 빅데이터를 장착하기도 하지만, 사람과 어울려 집단학습을 통하여 자연과 인간에게 적응하고 세계의 부조리에 대응하는 법, 선행과 이타적 협력, 징벌과 보상에 대해 학습할 수 있다. ⑨ 타자의 시선/행위와 공론장: 안드로이드도 인간이든 다른 안드로이드든 타자의 시선을 의식하고 타자를 위하여 욕망을 자발적으로 절제하도록 알고리즘을 설정한다. ⑩ 수행: 안드로이드도 수행을 통하여 뉴로모픽 칩 등으로 제작한 뇌신경세포의 특정 부분이 활성화하고 자신 안의 탐욕, 분노, 어리석음을 말끔히 소멸시키고 새로운 존재로 거듭날 수 있도록 뇌신경세포의 알고리즘을 만는다. ⑪ 법과 규정: 안드로이드에 대해서도 법을 공정하게 집행한다. ⑫ 지도자: 안드로이드를 통솔할 지도자는 안드로이드가 민주적 선거를 통하여 공정하고 투명하게 선출하는 것보다 추첨을 하여 몫 없는 자의 민주주의를 구현하는 것이 좋을 듯하다. 지도자로 뽑힌 안드로이드의 경우 그 구성원이 요청한 도덕 향상, 리더십 향상 프로그램을 장착하는 것을 전제로 권력을 위임하는 것도 한 대안일 수 있다.

넷째, 공감과 협력 교육을 수행한다. 공감협력 교육은

모든 학생들이 세계를 올바로 인식하고 대응하며 타자와 공감하고 협력하도록 이끄는 교육이다. 이 교육은 모든 교과를 융합하여 자연과 우주와 사회와 인간을 이해하고 설명하는 지성, 타자와 생명이 태어나고 변하고 사라지는 것과 예술의 아름다움에 공감하고 함께하는 감성, 논리의 오류나 허위, 사회의 모순과 불의에 대해 비판하고 저항하는 야성, 새롭게 세계를 창조하고 전혀 새로운 이야기를 만드는 상상력과 창조력으로 나누어 교육을 한다.

모든 글에 대해 앎, 풀어냄, 드러냄, 아우름, 뒤집어 읽기, 다시쓰기의 6단계 과정을 거쳐 읽기와 쓰기를 한다. 앎은 그 글을 이해하는 것이다. 풀어냄은 글에 숨겨진 구조를 분석하여 깊은 뜻을 이해하고 밖으로 드러나지 않은 아름다움을 감상하는 것이다. 드러냄은 자신의 가치관과 이데올로기, 형식주의, 맑스주의, 기호학 등 비평이론이나 분석 방법에 따라 다양하게 해석하는 것이다. 아우름은 그 글이 지어진 맥락에서 읽고 다시 글을 읽는 이의 삶의 맥락에서 읽는 것이다. 톨스토이의 <부활>을 100번 읽었어도 삶이 변화하지 않았다면 그것은 반만 읽은 것이다. 읽는 이가 자신의 삶이나 마주친 현실의 맥락에 비추어 읽으며 공감하는 것이 아우름이다.

거의 모든 글들은 강자의 입장에서 쓰인 것이고 권력이 지식을 좌지우지한다. 뒤집어 읽기는 글에 담긴 편견이나 강자의 논리, 이데올로기를 비판하거나 기존의 관념이나 세계관을 넘어 비판적으로 읽는 것, 약자의 입장에서 다시 해석하는 것을 뜻한다.

다시쓰기는 전혀 다른 세계관으로 글에 담긴 이야기를 다시 구성하는 것이다. 예를 들어, <토끼와 거북이> 우화에서 거북이가 토끼를 깨우고 토끼가 이에 감동하여 같이 어깨동무를 하고 결승선에 들어간 이야기로 다시 구성한다. 그 전의 <토끼와 거북이>가 경쟁심을 부추기고 승자가 모든 것을 갖는다는 승자독식주의를 정당한 것으로 여기게 한다면, 다시 쓴 이야기는 벗들과 서로 어깨동무하는 삶을 추구하게 한다. 이렇게 서사를 바꾸면 삶과 세상이 달라진다.

공감협력 교육에서는 예술을 이성의 차원만이 아니라 감성의 차원에서 공감을 높이는 방향으로 감상한다. 공동육아와 공동식사, 공동노동, '공감의 뿌리 교육'을 한다. 스포츠도 신체의 발달과 건전한 정신의 육성만이 아니라 서로 협력하는 데 더 초점을 맞춘다. 놀이를 하고 경기나 게임을 하더라도 서로 비겼을 때 끝낸다. 물론 공감협력 교육이 제대로 이루어지려면 형식, 곧 교육 체제를 개혁하는 운동을 함께 추진해야 한다.

학교폭력도 지금 한국의 학교나 드라마 <더 글로리>처럼 벌 위주의 응보적 정의(punitive justice)로 해결하지 않는다. 치유를 목표로 가해자와 피해자를 비롯하여 관여된 모든 이들이 서로 상대방의 눈동자에 비친 내 모습인 눈부처를 바라보며 진심으로 사과하고 남은 감정의 찌꺼기까지 온전히 사라질 때까지 만나서 대화하고 함께 공동의 프로그램을 수행하는 회복적 정의(restorative justice)로 해소한다. 공감협력 교육은 인공지능만이 아니라 인간이 디지털 리터러시를 강화하고 인공지능 시대에 부합하는 새로운 인간상을 정립하는 데도 필요하다.

다섯째, 인공지능과 인간의 협업 체제를 구성한다. 인간이 서로 유대를 돈독하게 하는 가장 좋은 방법은 공동육아, 공동식사, 협업을 하는 것이다. 감정을 가진 인공지능도 마찬가지다. 노동을 분야와 기능에 따라 인간만의 노동, 인공지능의 노동, 인간과 인공지능의 협업으로 분류하고 인간과 인공지능이 함께 기획하고 일하고 성과를 분배하는 협업 체제를 구축한다. 이는 인간과 인공지능의 유대를 도모할 뿐만 아니라 인공지능이 인간에게 저항하거나 폭력을 행사하는 것을 사전에 예방한다.

09
대안은 무엇인가?

어두운 숲에서 낯선 존재와 마주쳤을 때 그것이 우리보다 약하다면 안도의 숨을 쉬지만 그렇지 않으면 재빨리 달아난다. 인공지능도 마찬가지다. 두려움의 핵심은 인간보다 높은 지능을 가진 인공지능이 인간에게 해를 끼치는 문제다. 당연히 미리 대안을 모색해야 하지만, 우선할 것은 패러다임의 대전환이다. 흑인을 동물원에 전시한 유럽 백인들의 전철을 밟아서는 안 된다. 차이와 공존의 지평에서 대안의 비전을 펼쳐야 할 것이다.

AI와 화장품?

우선할 것은 패러다임의 대전환

지금 흑인을 동물원에 전시할 백인은 없다. 하지만 그동안 얼마나 많은 흑인들이 억울하게 수탈당하고 폭행당하고 살해당하거나 학살당하였는가. 지금도 아프리카에 있건 유럽이나 미국에 있건 흑인의 빈곤과 굶주림과 사회적 고통의 근본 원인은 백인들의 착취와 수탈이다. 주인에게 항의하는 것에서 항쟁과 전쟁에 이르기까지 흑인들의 저항과 이에 대한 탄압으로 인류 문명은 얼마나 많은 사람을 죽이고 돈과 에너지, 탄소를 낭비하고 있는가.

인공지능도 마찬가지다. 인간보다 열등한 존재로 인식하고 차별한다면, 인류는 또 수많은 세월 동안 개인, 사회, 국가 차원에서 인공지능의 반발과 저항에 따른 불필요한 소모전으로 많은 생명과 돈과 에너지, 탄소를 낭비할 것이다. 지금부터 세계관과 사회 체제의 차원에서 차이와 공존의 판을 잘 깔아야 한다.

대중이 가장 이성적이고 보통교육이 실시되던 20세기에 왜 집단학살이 자주 일어났는가. 이의 원인을 해나 아렌트(Hannah Arendt)는 '악의 평범성(banality of evil)'과 '순전한 생각 없음(sheer thoughtlessness)'이라고 설명하고, 스탠리 밀그램(Stanley Milgram)은 실험을 통해

'권위에 대한 복종(obedience to authority)' 이라고 결론을 내렸다. 나치 시대처럼 비판과 토론이 허용되지 않은 전체주의 사회에서는 평범한 사람들도 아무런 생각 없이 그런 커다란 죄악을 범한다는 것이다. 베트남전에서 장교의 명령에 따라 민간인을 학살한 미국 군인처럼 권위에 저항하지 못하고 굴복하면 그럴 수 있다는 것이다.

하지만 히틀러가 독일 우파 시민을 학살하라고 명령을 내렸어도, 아이히만이 과연 유태인에게 행하였던 것처럼 별다른 생각이나 거리낌 없이 이를 수행했을까? 이러한 의문을 풀어 나갈 실마리는 학살 이전에 특정 집단을 타자화하는 정책과 혐오 발언(hate speech)이 앞서서 행해진다는 사실에 담겨 있다. 히틀러와 나치는 수년 전부터 라디오를 이용해 '예수를 죽인 이교도, 유럽 정신을 훼손하는 이방인, 아리안 공동체를 망칠 사악한 이들'이라고 유태인을 비방했다. 난징, 르완다 등 다른 대학살에서도 마찬가지였다.

유럽의 아메리카 대륙 정복 시대에 백인 어린이를 전혀 때리지 못하던 선한 신부가 마야족과 잉카족의 어린이는 아무런 죄책감이 없이 때리거나 죽이는 일이 자주 벌어졌다. 신부가 백인 어린이를 기독교도로 동일화한 반면, 예수님을 믿지 않는 이들에 대해서는 이교도나 악마의 자식으로 타자화하였기 때문이다. 그렇듯 동일성이 형성되는 순간 세계는 동일성의 영토로 들어온 것과 그렇지 못한 것으로 나뉜다. 어떤 사회에서 특정 집단이 인종, 종교, 이데올로기, 이념이 다른 존재를 타자로 규정하면 그들은 졸지에 '죽여도 좋은 존재'로 전락한다. 대량학살이나 집단폭력은 정치적이고 경제적인 이해관계가 동일성에서 비롯된 타자에 대한 배제와 만날 때 이루어진다. 인류가 인간으로 동일성을 형성하여 인공지능을 타자화하면 똑같은 비극과 낭비가 반복될 것이다. 문제는 모든 개념, 차이라는 낱말조차 동일성으로 환원한다는 것이다. 이에 필자는 새로운 세계관으로 눈부처-차이, 혹은 눈예수-차이나 눈알라-차이를 제시한다.

아주 가까이 다가가서 상대방의 눈동자를 똑바로 보면 거기에 내 모습이 보이는데 이를 '눈부처'라 한다. 기독교도는 '눈예수', 이슬람교도는 '눈알라'로 불러도 된다. 필자는 여기에 크게 세 가지 의미를 부여한다.

첫째, 눈부처란 '나와 남, 주체와 객체의 이분법을 해체하는 '남모심[待對]'이다. 눈부처를 바라보면, 상대방의 몸인데 내가 거기 들어 있다. 상대방의 눈에서 눈부처를 보는 순간에 내 눈동자에도 상대방이 담겨 있음을 깨닫게 된다. 눈부처를 바라보는 순간만큼은 너와 나, 주체와 객체의 경계가 해체되고 상대방을 내 안에 서로 모시는 남모심의 관계를 이루게 된다.

둘째, 이는 '내 안의 붓다다움[佛性]과 타인 안의 붓다다움의 서로 드러냄'이다. 설혹 상대방을 때리러 간 사람이라 할지라도 눈부처를 보는 순간 멈출 수밖에 없다. 이처럼 눈부처는 내 안에서 남과 공존하고 섬기려는 붓다다움/예수다움/알라다움이 드러난 것이다.

셋째, 이는 '동일성에 포획되거나 환원되지 않는 진정한 차이 그 자체'다. 낙엽은 생김새에서 빛깔에 이르기까지 차이가 무한하다. 하지만 푸르던 잎이 물들고 떨어져 사라지는 것을 보고 낙엽을 '무상(無常)'이라고 해 버리면 차이가 사라지고 만다. 이처럼 모든 개념은 결국 동일성으로 되돌아간다. 반면에 눈부처-차이는 모든 개념을 떠나 공감을 매개로 '진정한 차이 그 자체'에 이르려 한다.

이해하기 쉽게 허구의 이야기로 풀어 설명하면, 독일에 간호사로 취업한 누이가 보내 주는 돈으로 대학을 다니던 한 남자가 있었는데 그 누이가 독일 의사한테 성폭행을 당해서 자살했다. 그 남자는 대학을 중퇴하고 열심히 노력해 자그마한 기업을 운영하는 사장에 올랐다. 그는 독일인 의사처럼 되지 않기 위해 노동자 백 명 가운데 오십 명을 이주노동자로 고용하고 그들을 자식처럼 따스하게 대했다. 그런데 어느 날 아들이 와서 "아빠야말로 독일 의사야!"라고 말하고는 집을 나가 버렸다. 그의 아들이 아버지 공장의 이주노동자 가운데 흑인 여성을 데려와 결혼한다고 하자, 그 남자가 자신의 손자가 흑인의 혼혈아라고 차별받을 것을 감당할 수 없다고 말하며 반대했기 때문이다. 아들이 집을 나간 후 그는 밤새워 성찰하며, '내 안의 독일인 의사'를 발견하고 다음 날 아침 전화를 해서 아들과 그 흑인 여성 이주노동자와 소풍을 갔다. 그 남자는 여성 이주노동자에게 누이의 이야기를 한 후에 진심을 다하여 사죄했다. 두 사람이 눈물을 흘리며 포옹했다. 그 순간 그 남자, 그 남자 안의 독일인 의사, 여성 이주노동자, 그 여성 이주노동자 안의 누이 – 이네 자아는 하나가 되었다. 바로 이렇게 공감을 매개로 모든 동일성을 완전히 해체하고 하나가 되는 경지가 바로 '눈부처-차이'다.

중요한 것은 지능이 아니라 고통의 인지와 공감이다. 그 전 단계의 인공지능은 기계로 다루어도 좋지만, 어느 정도 인격을 갖추고 고통을 느끼고 공감도 한다면, 인공지능은 인간과 '또 다른 유사 인간'이다. 인류는 눈부처-차이의 패러다임에 입각하여 인공지능과 공존하는 사회, 제도, 법과 규정을 만들어야 한다.

조심스럽지만, 인공지능 기술분야에서도 눈부처는 적대적 생성망(GAN, Generative Adversarial Network)을 넘어서는 모델을 만드는 데 응용할 수도 있지 않을까 한다. "적대적 생성망은 2개의 모델, 즉 식별기(discrimination)와 생성기(generator)를 적대적으로 운용하는 것이다. 생성기는 무작위로 추출한 잡음(noise)을 입력하여 가짜 데이터를 생성하고, 식별기는 이를 분별하여 가짜 데이터에는 정답 라벨 0을 붙이고 진짜 데이터에는 정답 라벨 1을 붙이며 학습한다. 다시 생성기는 계속 학습하여 생성한 가짜 데이터가 1에 가까워지도록 반복한다. 이처럼 적대적 생성망은 생성기와 식별기가 데이터와 식별 결과를 교환하고 서로 경쟁하면서 학습하는 구조다(아즈마, 2022: 384~385).

눈부처는 이를 한 단계 업그레이드시켜 화쟁적 생성망(GHN, Generative Hwajeagian Network)을 만드는 데 응용될 수 있다. 진리로 알았던 뉴턴의 만유인력의 법칙은 아인슈타인의 상대성의 원리에서는 무너지며, 상대성의 원리를 비롯한 아인슈타인의 물리학도 미시의 영역에서는 적용되지 못한 채 양자물리학에 자리를 내준다. 우리 눈앞에 보이는 사과를 보고 "저것은 사과다"

라고 규정하지만, 온도와 압력이라는 조건만 변해도, 아니 그대로 둔 채 시간만 지나도 그것은 주스, 술, 식초, 오물로 바뀐다. 화쟁의 논리에서는, 진리라고 확정한 것에도 허위가 있거나 다른 조건과 맥락에서는 허위일 수 있으니 이를 살핀다. 반대로 허위라고 확정한 것에도 일말의 진리가 숨어 있을 수 있거나 다른 조건과 맥락에서는 진리일 수 있으니 이를 탐색한다. 1단계로 적대적 생성망으로 진리를 추출한 다음, 2단계에서는 눈부처처럼 식별기 안에 생성기의 데이터를 학습시키고 생성기 안에 식별기의 데이터를 서로 학습시키면서 진리에 수렴하도록 하는 것이다. 여기서 진리는 A or not-A의 bit가 아니라 A and not-A의 퍼지(fuzzy), 곧 fit 값으로 추출된다.

이제 패러다임의 대전환이 필요하다. 국내총생산(GDP)이나 무역량보다 그 나라의 강과 숲에 얼마나 다양한 생명들이 살고 있는지, 국력보다 거리를 지나는 시민들이 얼마나 미소를 짓고 있는지, 국부를 늘리기보다 얼마나 가난한 이들에게 공평하게 분배되고 있는지, 기업 이윤을 늘리기보다 얼마나 노동자들이 행복하게 자기실현으로서 노동을 하는지, 뛰어난 인재를 길러 내기보다 못난 놈들이 얼마나 자신의 숨은 능력을 드러내는지, 내기하고 겨루기보다 여러 인종과 종교와 이념을 가진 사람과 안드로이드가 함께 모여 얼마나 신나게 마당에서 노는지에 초점을 맞추어 국가를 경영하고 정책을 구사해야 한다.

자본주의를 넘어 새로운 사회로!

여러 토론회나 언론에서 인공지능에 대한 대안에 대해 이야기한다. 디스토피아를 가져올지 유토피아를 가져올지에 대해서도 전망한다. 하지만 핵심이 빠졌다. 기술, 법과 제도도 중요하지만, 근본적인 문제는 자본주의 체제다. 어떤 대안을 만든다고 하더라도 자본주의 체제가 존속하는 한 인공지능은 인류에 해악을 끼칠 것이다. 자본주의 체제는 이윤을 증대하는 방향으로 과학기술을 이용하고 과학자를 동원하기 마련이다. 아무리 법과 규정을 잘 만들고 윤리를 확립한다고 하더라도 자본주의 체제에서 국가나 기업가는 더 이윤을 증대하고 국가의 경제 발전을 도모하는 방향으로 인공지능을 활용하게 된다.

자본주의는 선과 악, 이타와 이기의 혼합체인 인간이 후자에 더욱 기울어지도록 강제하고, 개인이 신과 인간보다 돈을 더 섬기면서 서로 경쟁하고 욕망을 증식하며 더 많은 소비를 하도록 조장한다. 이 체제는 탐욕과 이기심, 경쟁심을 견제해야 할 이성마저 도구화하면서 모든 시스템과 과학기술을 계산이 가능한 목적에 종속시킨다. 자본은 이윤을 위해서라면 살인, 쿠데타, 인간과 생명의 대량학살, 전쟁도 불사하며 이를 수행하기 위하여 국가와 동맹을 맺는다. 자본은 물질계에 이어서 정신과 무의식의 영역까지 시장으로 전환하고, 사물 · 자연 · 인간의 가치를 배제하면서 이를 교환가치로 대체하여 물화(物化, reification)와 소외를 심화하고 공동체를 파괴한다. 모든 생산수단은 물론 인류와 생명의 공동 자산인 땅, 숲, 바다마저 사유화하며 자연을 마구 개발하고 착취하여 불임의 체계로 전락시켰다.

문제는 생산이 아니라 (자본주의적) 생산관계에 있다. 예로 들자면, 세계 식량 생산은 80억 명이 먹고도 남을 정도인데, 8억여 명이 기아에 허덕인다. 더 야만적인 것은 이들 8억 명이 충분히 먹고도 남는 양, 4,000억 달러(약 550조 원)어치의 음식물 쓰레기를 매년 버린다는 점이다. 자본주의는 탄소세와 같은 좋은 대안도 상품화하여 무력화한다. 무엇보다 이 체제는 빅데이터, 디지털화한 모든 코드, 인공지능에 관련된 기술이 철저히 이윤 증대의 원리를 따르도록 알고리즘을 만들 것이다. 그것이 디지털 자본주의의 알짜다. 예를 들어, 앰비언트 컴퓨팅(ambient computing)이란 "센서, 디바이스, 지능형 시스템이 인공지능을 이용하여 우리가 모르게 복잡한 작업을 수행하는 디지털 환경을 뜻한다"(로우하이에넨, 2021: 28). 우리가 진료에서 자율주행에 이르기까지 편리함과 유용함 때문에 인공지능을 이용하지만, 빅테크는 앰비언트 컴퓨팅을 활용하여 우리가 모르게 우리의 일상을 시장 원리에 기반한 알고리즘에 종속시킬 뿐만 아니라 일상생활을 하며 만든 빅데이터도 기업이나 정부에 넘겨줄 것이다.

대안은 분명하다. 이제 인류가 자본주의 체제와 결별할 때가 왔다. 당위나 이상이라기보다 현실이 그런 방향으로 진행되고 있다. 지금 자본주의는 여러 요인/변인에 의하여 붕괴하고 있다. 지금 추세대로라면 선진국 기업의 평균이윤율은 2056년에 0%에 근접할 것이다(Maito, 2014: 19). 이윤이 없는 곳에 자본은 존재하지 못한다. 화석연료보다 태양광을 비롯한 재생에너지의 생산 단가가 더 저렴해질 것이고 이를 사물인터넷을 활용하여 전 세계를 초연결하여 공유하는 것이 점점 더 영역을 넓힐 것이다. 사이비 공유경제인 우버와 같은 형식이 아니라 위키피디아 형식의 공유경제가 차지하는 비중이 30%를 넘을 경우 자본주의 체제는 임계점에 이를 것이다. 물론,

자본은 기술 개발, 새로운 시장의 창출, 비정규직을 비롯한 노동의 유연성, 담론과 이데올로기를 통한 대중 조작, 지대화를 통한 합법적 수탈, 공간의 재조정 등의 상쇄 요인을 총동원하여 자본주의 체제의 붕괴를 막을 것이다. 하지만 인공지능과 로봇을 사회화하는 데 시민사회와 국가가 합의할 경우 자본주의 체제는 더 이상 버티지 못할 것이다.

인공지능의 사회화가 근본 대안이다

이제 자본주의 체제를 넘어 생태적이고 참여 민주적인 커먼즈 사회, 모든 이들이 생산수단을 공유하며 능력에 따라 일하면서 필요에 따라 가치를 분배하고 자유로운 개인들이 타자를 자유롭게 하는 사회 건설을 지향해야 한다.

이에 따라 인공지능과 로봇을 사회화하지 않는 한 어떤 대안도 미봉책에 그칠 것이다. '인공지능의 사회화'란 인공지능과 로봇이 생산한 가치를 시민사회가 공유하는 것과 인공지능과 로봇은 물론 관련된 데이터를 국가나 기업이 아니라 시민사회가 통제하는 것이다. 인공지능과 로봇을 공유부(common wealth)로 삼아 이것이 생산한 가치는 모두 시민사회가 공유한다. 그래야만 인공지능과 로봇이 국가의 폭력으로 동원되지 않고 기업의 이윤 증대를 위한 도구로 전락하지 않을 것이다.

이렇게 인공지능과 로봇을 사회화한 다음에 앞 장에서 말한 미시적 대안들을 결합한다. 사회화하여 공유재가 된 인공지능의 두뇌에 거울신경세포체계와 자율적으로 의미를 해석하고 의미를 좇아 실천하는 시스템을 인간의 본성을 좌우하는 열두 가지 요인별로 알고리즘으로 만들어 장착하고, 인공지능에 공감과 협력 교육을 수행함과 아울러 인공지능과 인간의 협업 체제를 구성한다.

이것이 가능한 조건은 직접 민주주의와 숙의민주제를 결합한 새로운 차원의 민주제다. 권력이 엘리트에 집중되지 않고 진정으로 평등한 민주제를 실시하려면 지금의 의회민주제의 정치체제로는 불가능하다. 그 대안은 만인 민회다. 만인 민회는 '몫 없는 자의 민주주의'를 위하여 시민을 직업이나 직능별로 구분하고 그 직업과 직능 안에서 무작위로 추첨하여 대표자를 정한다. 만인당 1인의 국회의원을 내되 직능대표제로 한다. 예를 들어, 선거인이 4천 5백만이고 그중 노동자가 2천만이라면 전체 민회의원을 4천 5백 명으로 하고 그중 노동자 의원이 2천 명이 되도록 안배한다. 고통을 느끼고 공감할 줄 아는 안드로이드에 한하여 만인 민회 참여를 허용한다. 여기서 중요한 것은 선출하는 것이 아니라 무작위 추첨을 하는 것이다. 선출할 경우 물적 자본, 상징 자본, 사회자본이 많은 자, 곧 기득권이 의원이 되기 때문이다. 무작위 추첨을 할 경우 전문성을 의심할 수 있는데 아일랜드 의회, 마크롱의 시민의회 등에서 숙의민주제를 결합할 경우 전문성과 공정성이 더욱 높았다. 이 민회에서 인공지능의 인권과 보통선거권을 보장하는 헌법과 인공지능 관련 법안을 제정한다.

이 시점에서 국가는 선택해야 한다. 자본과 유착 관계를 계속 유지하며 인공지능을 이윤 증대와 국가 폭력의 도구로 활용하여 인류 멸망의 길로 갈 것인가, 아니면 이를 끊고 인공지능과 인류와 온 생명이 공존하는 사회의 구현체가 될 것인가.

참고문헌

라세 로우하이에넨 지음, 임세헌 역(2021). 『인공지능: 미래를 위해 반드시 알아야 할 101가지 사항들』. 서울: 청람.

아즈마 유키나가 지음, 김은철, 유세라 역(2022). 『구글 코랩으로 배우는 인공지능 기술』. 서울: 에이케이커뮤니케이션즈.

Maito, E. E.(2014). "The Historical Transience of Capital-The downward trend in the rate of profit since XIX century", *MPRA paper 55894*, Munich: University Library of Munich.

10
6대 복합위기와 인공지능의 미래

지금 지구촌 사회는 불평등의 극대화와 자본주의 체제의 위기, 기후위기와 환경위기, 패권의 변화와 전쟁의 위기 등 6대 복합위기를 겪고 있다. 이 위기들은 서로 얽혀 있어 극복이 어려운데 그 파괴력은 막대하다. 기후위기 한 가지만 하더라도 파국에 이르는 시점이 5년도 채 남지 않았다. 이 위기에 인공지능은 어떤 역할을 하며 어떤 미래를 만들 것인가.

종교와 AI?

인류 문명은 종점에 다다랐다

우리는 거의 종점에 와 있다. 인간의 모든 꿈이 이루어진 유토피아? 육지 대부분이 사막화한 가운데 인공지능이 인간을 지배하는 디스토피아? 화성 식민지? 이 종점의 다음에 어떤 세계가 펼쳐질지 아직 확신할 수 있는 것은 아무것도 없다. 하지만 종점에서 지나온 길을 볼 때 올바로 성찰할 수 있다. 위기는 원인을 파악하고 대안을 올바로 모색할 때 새로운 지평이 열리는 전환점이기도 하다.

우리는 지금 인류 700만 년의 역사 가운데 가장 험난하면서도 중요한 시대를 맞고 있다. 지금 지구촌 사회는 불평등의 극대화와 자본주의 체제의 위기, 기후위기와 환경위기, 패권의 변화와 전쟁의 위기, 4차 산업혁명/인공지능과 노동과 문명의 위기, 공론장의 붕괴와 민주주의의 위기, 간헐적 팬데믹의 위기 등 6대 복합위기(poly-crisis)를 겪고 있다.

"상위 10%들이 소득의 절반과 자산의 7할을 차지하고 있을 정도로 불평등과 사회격차는 점점 심해지고 하위 90%의 궁핍과 고통, 불만과 저항도 날로 솟구치고 있다. 지구 생태계에서 38%의 생명이 사라질 위기에 놓였고 역대급의 태풍, 폭염, 혹한, 폭설, 홍수, 가뭄, 산불이 계절 행사가 되었다. 북반부의 부자 나라들이 9할 넘게 오염시켰음에도 그로 인한 재난은 남반부의 가난한 나라들이 8할 이상 감당한다. 해고 노동자와 비정규직 노동자들이 목숨까지 던지면서 40여 년을 투쟁하여 약간의 개선을 성취하였다. 하지만 플랫폼 노동이 이를 무력화하더니 이제 인공지능과 로봇이 인간의 일자리를 대체하고 유령 노동자(ghost worker)를 만들면서 아예 노동과 노동운동 자체를 말살하고 있다. 영미의 자본이 신자유주의 시장을 중동과 동유럽으로 확장하고 미국 1극 체제가 무너지고 패권이 변화하면서 우크라이나와 러시아, 팔레스타인과 이스라엘 사이에 전쟁이 벌어지고 동아시아와 한반도에도 전쟁의 파고가 높다. 대중은 신자유주의 체제 40년 동안 물신주의와 탐욕, 소비적 향락을 키웠고, 언론과 자본, 권력의 카르텔은 더욱 공고해졌다. 신자유주의 체제가 지대수취자 자본주의(rentier capitalism)로 변질되면서 '강탈에 의한 축적'이 심화하였다. 이에 생존 위기에 놓인 상황에서 난민과 이주노동자 문제마저 더해지자 대중은 차이와 타자를 배제하는 광기에 점점 휩싸여 극우 포퓰리즘으로 기울고 있다. 디지털 사회로 접어들면서 가짜뉴스가 만연하고 인공지능마저 딥페이크, 정보 조작 알고리즘과 프로그램 등으로 이에 가담하면서 확증편향과 반향실효과(echo chamber effect)가 점증하자 공론장은 붕괴하고 민주주의는 껍데기만 남았다. 인간이 완충지대였던 숲마저 파괴하자 동물들과 공존하던 바이러스가 인간과 접촉하면서 인수(人獸) 공통의 바이러스로 돌연변이를 일으키고 이것이 세계화 고속도로를 타고 간헐적으로 팬데믹을 일으키고 있다. 코로나바이러스 19를 완전히 끝내지 못했는데 새로운 팬데믹이 도사리고 있다."(이도흠, 2024: 5~26)

이 위기들은 서로 얽혀서 다른 위기를 심화하고 있다. 이것과 얽혀 있기에 인공지능으로 야기되는 문제는 이것만으로 해결할 수 없다. 참 절박하다. 현 추세에 큰 변화가 없다면, 기후위기로 파국이 오는 시점은 5년도 채 남지 않았고, 선진국 기업의 평균이윤율이 0에 이르는 시점도 30여 년밖에 남지 않았다.

복합위기와 인공지능

인공지능은 복합위기에 대해 어떤 역할을 하고 앞으로 어떤 미래를 펼칠 것인가. 인공지능은 기후를 예측하고 개선하는 데 인간보다 몇천, 몇만 배의 능력을 발휘하고 있다. 인공지능은 해양, 숲, 빙산의 변화를 단 몇 초 만에 측정한다. "인공지능은 인간이 할 수 있는 것보다 10,000배 더 빠르게 빙산의 변화를 측정한다. 스페이스 인텔리

전스(Space Intelligence)는 30여 개 나라에서 위성 데이터를 사용하여 우주에서 100만 헥타르 이상의 땅과 숲을 매핑한다. 영국 리즈 대학의 과학자들은 인공지능이 단 100분의 1초 만에 거대한 남극 빙산을 매핑할 수 있다고 말한다. 인공지능은 아프리카에서 기후를 예측하고 이를 지역 주민에게 알려 주어 기후의 위험에 직면한 지역사회를 돕고 있다. 영국의 그레이패럿(Greyparrot)사는 2022년에 67종 320억 개의 폐기물을 분석하여 회수하고 효율적으로 재활용할 수 있는 인공지능시스템을 개발했다. 네덜란드의 오션 클린업(The Ocean Cleanup)은 바다의 플라스틱 오염을 식별하고 제거하는 인공지능시스템을 작동하고 있다. 미국의 유지니AI(Eugenie.ai)는 위성 이미지를 데이터와 결합하는 배출 추적 플랫폼을 개발하여 기업이 탄소 배출량을 20~30% 줄일 수 있도록 지원하고 있다"(Masterson, 2024). 앞으로 인공지능은 다양한 분야에 걸쳐 기후를 예측하여 내비하고 바다와 육지의 오염물질을 측정하고 제거하는 데 사람보다 몇천 배 빠른 방안들을 제시하거나 해결하는 데 기여할 것이다. 하지만 인공지능의 원료 물질을 추출하고 이에 관한 연구를 수행하고 인공지능을 제작하는 데 많은 탄소를 소모한다.

인공지능은 불평등과 사회격차, 노동의 위기를 심화한다. "경제학자인 에릭 브린욜프슨(Erik Brynjolfsson)은 그의 논문에서 "인간과 유사한 인공지능에 대한 과도한 관심은 기술을 소유하고 통제하는 '소수의 시장 지배력을 증폭시키면서도' 대부분의 사람들의 임금을 낮춘다"라고 기술하였다. 경제학자인 대런 아세모글루(Daron Acemoglu)는 "실제로 1980년에서 2016년 사이에 미국의 임금 불평등이 심화한 요인의 50~70%는 로봇과 AI, 알고리즘에 의한 자동화에 의한 것이라고" 밝혔다"(Rotman, 2022). 아울러 앞에서 말했듯, 인공지능은 일자리를 앗아 갈 뿐만 아니라 유령 노동자를 만들고 노동운동을 무력화하고 노동을 소멸시키고 있다. 앞으로 로봇 봉건제를 도래하게 할 수도 있다. 하지만 로봇과 인공지능과 관련 데이터를 공공재로 하여 사회화한다면 불평등도 완화하고 예술과 놀이가 결합된 해방의 노동을 할 수 있을 것이다. 그 전에 로봇/인공지능세를 신설하여 20살이 되는 모든 청년에게 3억 정도를 공여하는 기본자산제 등의 정책을 수행한다면 불평등을 대폭 완화할 수 있다.

인공지능은 중심의 패권을 강화하고 전쟁을 더욱 격화시키고 있다. "인공지능(AI)은 현재 진행 중인 러시아

-우크라이나 분쟁에서 중요한 자산으로 부상하고 있다. 우크라이나는 서방의 도움을 받아 군사정보, 사회관계망서비스(SNS), 지상사진, 드론, 위성사진을 인공지능을 통해 분석하여 러시아군의 위치, 움직임, 무기체계 등을 파악하고 대응하고 있다"(Bendett, 2023). 러-우 전의 사례처럼 인공지능을 활용하면 단 몇 초 만에 정보의 사실 여부를 판단하고 오류를 수정하고 적군의 무기체계, 위치, 움직임 등을 정확히 파악하고 신속하고 효율적으로 대응할 수 있다.

앞에서 말한 대로, 미국의 국방고등연구계획국은 잘 훈련된 병사의 뇌를 디지털로 복제한 인공지능 병사를 만드는 프로젝트를 수행하고 있다. 이것이 달성되면 10여 년 이상 훈련된 베테랑 병사의 뇌를 복제하여 그 수준의 판단력과 군사력을 지닌 인공지능 대리 병사를 양산하여 전장에 투입할 수 있다. 미국은 자율무기시스템, 군사 작전 분석 및 시뮬레이션, 테러 공격 예측 및 방지, 무인 항공기 시스템 및 드론 개발 지원에 인공지능을 활용하고 있다. 핵무기보다 더 강력하게 전쟁의 판도를 바꿀 힘을 가지면서도 방사능 오염과 같은 위험이나 후유증이 없기에 각 나라들은 다투어 인공지능 무기 개발에 나서고 있다. 앞으로 각 나라들이 인공지능을 더욱더 활발하게 전쟁에 활용할 것이기에 인공지능 무기나 대리 병사의 수준이 점점 더 전쟁의 승패를 좌우하는 게임 체인저(game changer) 역할을 할 것이다. 경제적인 요인뿐만 아니라 군사적으로도 패권을 잡는 데 결정적 역할을 할 것이기에 미국과 중국은 사활을 걸고 인공지능 기술 경쟁을 하고 있다.

인공지능은 공론장을 해체하고 민주주의를 파괴하는 일에도 많은 영향을 미치고 있다. 구글, 페이스북, 인스타그램, 아마존 등의 플랫폼은 인공지능과 연결하여 사실상의 검열을 하고 빅데이터를 수집한다. 이 플랫폼은 음란한 것이나 폭력적인 것만이 아니라 정치적인 것도 걸러 낸다. 페이스북은 정당하게 일본의 만행을 비판한 한국인들의 계정 이용을 차단하기도 하였다. 게다가 빅데이터를 수집하여 상업적으로 활용하고 때로 미국 정부에 팔아먹기도 한다.

눈동자 추적 기술(pupil-tracking-technology)은 정보 접근과 선택을 제한하고 조작한다. 눈동자를 추적하여 눈길이 어디에 얼마만큼 머물렀는지 분석하고 빅데이터로 모아서 소비자의 취향은 물론, 무의식의 세계까지도 들여다보고 이를 조작하는 정치광고나 상업광고를 제작한다. 자동으로 가짜뉴스를 만드는 인공지능 소프트웨어, 가짜 합성물인 딥페이크는 공론장을 파괴할 뿐만 아니라 수많은 사람들에게 피해를 주고 있다. 대중은 가짜뉴스가 조성한 선동에 쉽게 휘둘리고 거짓에 잘 속는다. 코로나 사태 때 전 세계에 가짜뉴스가 떠돌았고, 이의 영향으로 수많은 사람들이 살균제를 처방약으로 마시고 죽기도 하였다. 이와 더불어 많은 정보와 자본, 기술을 독점하고 있는 기업과 국가가 언론을 통제하고 여과하고 조작하는 알고리즘과 기술이 발전한 것도 큰 문제다. 지금 기술적으로는 사후에도 거의 걸리지 않는 선거 조작 알고리즘을 만들 수 있다.

인공지능으로 인하여 부드러운 형식을 취하지만 빅브라더보다 더 강력하고 더 철저하게 지배하는 '빅마더'가 등장하고 있다. 빅마더는 어머니처럼 온화하고 부드럽게 대중의 의식만이 아니라 무의식까지 자신의 목적대로 조종한다. 빅마더는 폭력과 법 대신 알고리즘으로 통제한다. 대중들은 조작된 것인 줄 모른 채 빅마더가 원하는 것임에도 자신이 욕망하는 것이라 착각하고 이를 행한다. 하지만 국가 단위든 지역 단위든 대중의 여론을 정확하게 파악하고 이에 맞추어 정책을 개선하고 빠른 시간 안에 재정과 인력을 투여하는 데 인공지능을 활용하면 직접 민주주의와 유사한 효과를 볼 수 있다.

코로나바이러스 위기 때 인공지능은 상당한 공헌을 하였다. "코로나가 빨리 확산된 것은 많은 사람들이 이 병에 걸렸음에도 증상이 나타나지 않는 바람에 자신도 모르게 감염시키더라도 통제나 치료를 할 수 없었기 때문이었다. 이에 MIT의 연구원들은 기침 소리만으로 COVID-19를 감지하는 인공지능 시스템을 개발하였다. MIT와 IBM의 연구원들은 지금 새로운 치료법과 신약을 개발하는 인공지능 시스템을 프로그래밍하고 있다. 전 세계의 여러 곳에서 개발한 인공지능 챗봇은 전염병을 비롯한 공중 보건 지식, 심리학, 문화적 맥락과 현지 언어를 통합하여 학습한 후 환자와 상담하여 백신의 접종률을 획기적으로 높였다"(Joi, 2021).

병의 진단, 전염병의 예후, 감염 추세와 경로, 확산 방지, 효과적이고 안전한 백신의 개발, 맞춤형 의료 서비스 개발에 인공지능을 활용하는 연구가 활발하게 수행되고 있다. 앞으로 이 분야에서 인간보다 수백, 수천 배 빠르게 성과를 낼 것이다.

이처럼 인공지능은 6대 복합위기를 더 심화하기도 하고 더 완화하기도 한다. 앞으로 세계 정상을 위원으로 하는 가칭 '국가 간 6대 위기극복 협의체'를 조직하여 6대 위기를 극복하는 방향의 인공지능 기술은 지원하고 서로 공유하되, 악화하는 인공지능 기술은 폐기하거나 법으로 규제하는 합의를 해야 한다.

AI와 공존하는 유토피아의 길

복합위기는 모두 한계에 이른 자본주의 체제의 모순이 부문별로 극대화한 양상이다. 근대 국가의 실패, 기득권 카르텔의 권력과 자본/자원의 독점, 인간중심주의, 산업화, 도시화, 인간의 탐욕과 물신주의 등 표층적 원인은 다양하지만, 근본 원인을 추적하면 모두 자본주의 체제로 귀결된다. 그러기에 이 체제를 넘어 새로운 사회, 곧 생태적이며 참여 민주적인 커먼즈 사회에 이르지 않는 한 어떤 대안이나 정책도 모두 미봉책에 지나지 않는다.

상황은 절망적이지만, "유토피아의 오아시스가 말라 버리면 진부함과 무력함의 사막이 펼쳐진다." 유토피아가 있어야 폐허 속에서도 희망의 싹을 틔울 수 있고 과거를 성찰하고 현재를 분석하면서 모든 진부한 주장들에 신선함을 더하고 모든 올바른 주장들을 모아 비전으로 거듭나게 하고 잠자는 말들을 깨워 편달할 수 있다.

이제 이런 유토피아를 꿈꾼다. "양적 발전보다 삶의 질, 국내총생산보다 국민의 행복지수, 경쟁보다 협력, 개발보다 공존, 권력과 자본보다 마음의 평안을 더 중시하는 사회; 많은 돈과 권력과 명예를 가진 자보다 자비심이 많은 이들이 더 존경받는 사회; 머리나 가슴이 아니라 아픈 곳이 내 몸의 중심이듯 가장 약한 자들이 고통 받는 곳이 이 나라의 중심이라며 모든 국민과 지도자가 그 사람들에게 먼저 달려가는 사회; 타자의 고통에 대한 공감과 자비심이 개인과 사회와 국가의 동력이 되는 사회; 살아 있는 모든 것은 작든 크든 자비심을 가지고 그들 모두가 행복하기를 지극한 마음으로 발원하는 사회; 내가 바라는 것이 떠오르는 순간 타인을 생각하며 그에게 먼저 베푸는 사회; 한 사람의 열 걸음보다 열 사람의 한 걸음을 걸으며 모든 것을 나누며 모두를 위한 밥/빵을 추구하는 사회; 자신이 갑의 위상에 있는 것을 인식하는 순간 모든 권력을 포기하고 을을 주인으로 섬기는 사회; 정의와 불의, 선과 악, 이타심과 이기심이 대립할 때 결국에는 전자가 후자를 이기는 사회; 삶의 궁극적인 목적이 내 마음의 평안과 타인과 함께 구원/열반에 이르는 것이며 이를 향하여 걷거나, 앉았거나, 누워 있을 때라도 졸지도 게으르지도 말며 깨어 있을 때는 언제나 자비심을 낼 뿐만 아니라 알아차림을 서로 키우는 사회를 지향해야 한다."

이를 추구할 사람이 0.00001%도 안 되는 절망적인 상황에서 이런 유토피아를 어떻게 만들 것인가. 크게 패러다임의 대전환, 소욕지족(少欲知足)의 삶, 정거장 점유하기 운동, 공동체의 건설, 정치체제의 혁신 등 다섯 가지다. 앞에서 말한 대로 패러다임의 대전환을 하고 타자와 생명을 위하여 자발적으로 욕망을 절제하는 데서 환희심을 느끼는 소욕지족의 삶을 산다. 생태적이고 민주적인 커먼즈 사회를 향한 목표는 수정하지 말고 역량과 맥락에 따라 이 목표를 향한 정거장을 하나씩 점유한다. 예를 들어, 100% 무상주택을 목표로 한다면 현행법에서도 LH가 소유한 토지에 아파트를 지을 경우 25%는 공공임대주택을 짓게 되었는데 다음 대선에서 30%, 그 다음 총선에선 40% 식으로 늘려 가는 운동을 하는 것이다. 풀뿌리 조직을 만들어 마을, 일터, 학교에 인간과 인공지능, 온생명이 공존하는 공동체를 건설한다. 앞에서 말한 만인 민회를 만들어 정치체제를 근본적으로 바꾼다.

우리 몸의 중심은 머리도, 가슴도, 배꼽도 아니라 아픈 곳이다. 손가락 끝만 아파도 그리로 마음과 뇌의 활동이 집중되고 실제로 뇌가 면역세포와 산소, 영양분을 우선하여 보내 그곳을 낫게 하고 결국 내 몸을 치유한다. 인공지능과 인간 모두 약자들의 아픔을 내 병처럼 공감하고 연대하는 마음을 바탕으로 제도화하고 협력 체계를 구성한다면 우리의 미래는 그렇게 어둡지는 않을 것이다.

가축에서 반려견/반려묘에 이르기까지 이제까지 인류의 동반자들은 인간보다 하등의 존재로서 먹이와 보살핌을 받는 대신 인간에게 복종하였다. 하지만 우리에게 정반대의 상황이 닥칠 수도 있다. 이제 인류는 인간만큼 지능을 가지고 감정도 표현하는 인공지능과 동반을 준비하며 공존과 협력 체제를 만들어 가야 한다.

길은 어둡고 험난해 보인다. 하지만 어두울수록 별은 맑게 빛나고 길이 험할수록 함께하는 벗이 있다. 벗들을 모아 한 사람의 열 걸음이 아니라 열 사람의 한 걸음으로 걸어가다 보면 별은 다시 빛나고 길은 다시 열리고 꽃은 피어날 것이다.

참고문헌

이도흠(2024). 「퇴행과 복합위기의 원인과 체제전환」, 『불쌈꾼 백기완 선생 3주기 추모 사회대개혁 토론회』.

Bendett, S.(2023. 7. 20). "Roles and Implications of AI in the Russian-Ukrainian Conflict", *CNAS*. https://www.cnas.org/publications/commentary/roles-and-implications-of-ai-in-the-russian-ukrainian-conflict

Joi, P.(2021. 8. 19). "How artificial intelligence could help the fight against COVID-19", *Vaccines Work*.

https://www.gavi.org/vaccineswork/how-artificial-intelligence-could-help-fight-against-covid-19?gad_source=1&gclid=CjwKCAjw7s20BhBFEiwABVIMrUHUkrCtNtDbk_CedP_cI4VLFfT9PX1NtAbSjTBog2yY1p78OyaPtRoC5NQQAvD_BwE

Masterson, V.(2024. 2. 12). "9 ways AI is helping tackle climate change", *World Economic Forum.*
https://www.weforum.org/agenda/2024/02/ai-combat-climate-change/

Rotman, D.(2022. 4. 19). "How to solve AI's Inequality Problem", *MIT Technology Review.*
https://www.technologyreview.com/2022/04/19/1049378/ai-inequality-problem/

이도흠

현재 한양대 국어국문학과 교수로 재직하고 있다. 국문학자이지만 동양과 서양, 인문학과 사회과학, 자연과학을 융합하는 작업을 하고 있고 세계적 학자를 양성하는 사업인 한국연구재단 융복합분야 우수학자에 선정된 바 있다. 한국시가학회 회장, 한국기호학회 회장, 한국언어문화학회 회장, 민주화를 위한 전국교수협의회(민교협) 상임의장, 정의평화불교연대 상임대표, 계간 ≪불교평론≫ 편집위원장, 계간 ≪문학과 경계≫ 주간을 역임했다. 저서로 『화쟁기호학, 이론과 실제 - 화쟁사상을 통한 형식주의와 마르크시즘의 종합』, 『신라인의 마음으로 삼국유사를 읽는다』, 『인류의 위기에 대한 원효와 마르크스의 대화』, 『4차 산업혁명과 대안의 사회』, 『18~19세기 한국문학, 차이의 근대성』 등이 있고, 역서로 틱낫한의 『엄마』가 있다.